JN102780

●本書の特色

❶教科書完全準拠の作業・整理ノート

　　第一学習社版教科書「高等学校 地理総合 世界を学び、地域をつくる」に準拠した，作業もできる学習整理ノートです。内容は教科書の範囲内にとどめています。

❷空欄補充によって学習内容を整理

　　教科書の構成に沿って，見開きごとに63の学習内容でまとめています。教科書の本文記述を要約した「学習内容の整理」の空欄補充で，重要事項をマスターできます。

❸教科書掲載の作業ができる構成

　　教科書掲載の「ワーク」などの作業ができる構成にしています。

❹学習内容を確認できる構成

　　「ポイント」で学習の留意点を示し，「チェックポイント」で学習内容の確認ができます。

❺興味を持たせる工夫

　　「メモ」や「クイズ」を設け，興味が持てるよう工夫しています。

●本書の構成

学習内容の整理

　　主として見開きの左のページには，小見出しごとに教科書の本文を要約した文章を載せ，空欄に重要語句などを書き込むことによって，学習内容の整理ができるようにしています。

ポイント　「学習内容の整理」の横欄に，その内容に対応する学習上の留意点を示しています。

メモ　「学習内容の整理」の横欄に，関連した補足的な内容や雑学的な内容を載せています。

チャレンジしよう ▷

　　見開きの右のページには，教科書掲載の図版などを使用した作業的な学習ができるようにしています。

ステップ アップ　調べ学習や自分の考えをまとめる問いなどを扱っています。

ふりかえろう ↻

　　教科書掲載の「ふりかえろう」を使用した，表現力を養う記述式の問題を扱っています。

✓ チェックポイント

　　見開きで学習した内容について，復習や確認ができるよう，右ページの最後に一問一答式の問題を設けています。定期テスト前などにも利用できるようにしています。

Q クイズ　右ページの欄外に，雑学的なクイズを設けています。解答は次ページの欄外にあります。

世界の国々

作業のポイント
■世界の国々の国名とその位置を確認しよう。

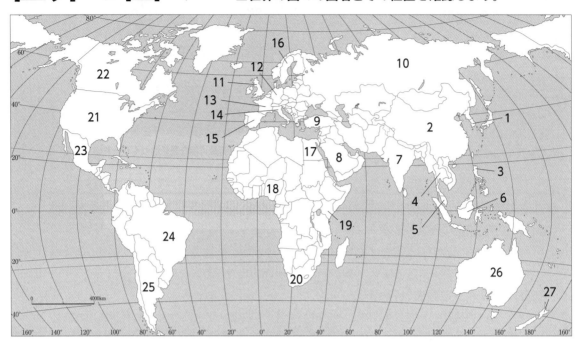

❶地図中の **1～27**の国名を次の空欄に書き入れよう。

1	2	3
4	5	6
7	8	9
10	11	12
13	14	15
16	17	18
19	20	21
22	23	24
25	26	27

❷北緯40度，赤道，南緯40度，経度０度，東経140度の線を青色でたどり，各線上にある国を❶の作業で
答えた国から選んで，下の解答欄に記入しよう。

北緯40度	
赤　　道	
南緯40度	
経度０度	
東経140度	

日本の都道府県 作業のポイント

■日本の都道府県の位置を確認しよう。

●地図中の1〜47の都道府県を，下の解答欄に記入しよう。

1	2
3	4
5	6
7	8
9	10
11	12
13	14
15	16
17	18
19	20
21	22
23	24
25	26
27	28
29	

0 ——— 200km

30	31	32
33	34	35
36	37	38
39	40	41
42	43	44
45	46	47

①目的地への行き方
②地球上の位置

メモ

Google Earth™は，地球上のあらゆる場所をすぐに検索できる。ストリートビュー機能は，実際にその場所を自分が訪れているかのような視点で世界各地を見ることができ，海中のサンゴ礁なども確認できる。

メモ

外国人観光客向けの地図記号には，レストランやホテルなどの旅行者が訪れやすい施設がある。交番や郵便局など日本独自の文化があらわれた地図記号は見直しが行われ，観光地図などでは別のデザインが採用されている。

1　地図を持たない人々

(1)アフリカの狩猟民族サン…川の跡や特徴的な形の❶＿＿＿＿＿や樹林などの記憶をもとに行動

(2)カナダのイヌイット…特徴に由来する❷＿＿＿＿＿を細かく定めて，それぞれの位置関係を把握

(3)カロリン諸島の人々…海上でも❸＿＿＿＿＿の動きや星から方位を，波や❹＿＿＿＿＿の向きから現在位置を把握

⇒人間は自然への観察眼と，知識や経験の組み合わせで位置情報を獲得

2　地図の利用

(1)❺＿＿＿＿＿…景観から目印となる施設

(2)❻＿＿＿＿＿…文化や言語の違いをこえて利用できる記号表現

(3)❼＿＿＿＿＿…すべての人に使いやすいデザイン。現代社会の地図に求められる

例：視覚障がい者に配慮した触地図など

3　地球のとらえ方

・地球の全周…約❽＿＿＿万km。世界地図には当時の人々が持つ世界観が表現される

①古代ギリシャ時代にはすでに，地球は❾＿＿＿＿＿と認識される

②コロンブスの新大陸到達以降，アメリカ大陸が世界地図に描かれる

4　緯度と経度

(1)地球上の位置は南北方向を❿＿＿＿＿で，東西方向を⓫＿＿＿＿＿であらわす

(2)旧グリニッジ天文台を通る線を経度⓬＿＿＿度(⓭＿＿＿＿＿)に設定

5　地軸の傾きと季節変化

(1)地球の地軸の傾き…公転軌道面の垂線から⓮＿＿＿＿＿傾く

(2)春分と秋分…赤道上の太陽の南中高度は⓯＿＿＿度。地球上のすべての地点で，昼と夜の時間が⓰＿＿＿＿＿なる

(3)⓱＿＿＿＿＿…太陽が北回帰線の真上。北半球で最も昼が長い

⓲＿＿＿＿＿…太陽が南回帰線の真上。北半球で最も夜が長い

(4)高緯度地域…太陽が沈まず日没後も暗くならない⓳＿＿＿＿＿や，1日中太陽が昇らない⓴＿＿＿＿＿が見られる

チャレンジしよう

(1) 右図の**ア**～**エ**にあてはまる語句
　をそれぞれ答えよう。

ア _____

イ _____

ウ _____

エ _____

(2) 右図の**A**地点(北緯40度, 東経90
　度)の対蹠点(真裏の地点)の緯
　度・経度を答えよう。

緯度(　　　　　　　　)**度**

経度(　　　　　　　　)**度**

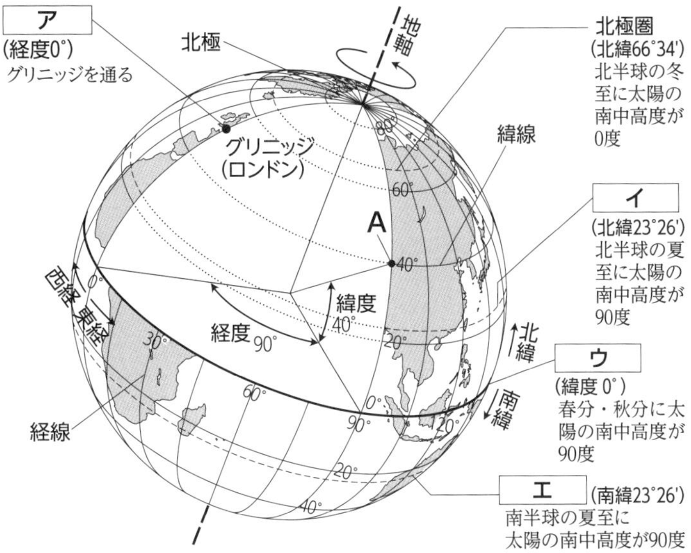

ア
(経度0°)
グリニッジを通る

北極

地軸

北極圏
(北緯66°34′)
北半球の冬
至に太陽の
南中高度が
0度

緯線

イ
(北緯23°26′)
北半球の夏
至に太陽の
南中高度が
90度

グリニッジ
(ロンドン)

A

40°

緯度
40°

ウ
(緯度0°)
春分・秋分に太
陽の南中高度が
90度

西経　東経

経度90°

経線

北緯

南緯

エ (南緯23°26′)
南半球の夏至に
太陽の南中高度が90度

ステップアップ

● 南中時に受ける太陽エネルギーが大きい順
　に①～③を並べよう。

大(　　　　→　　　　→　　　　)**小**

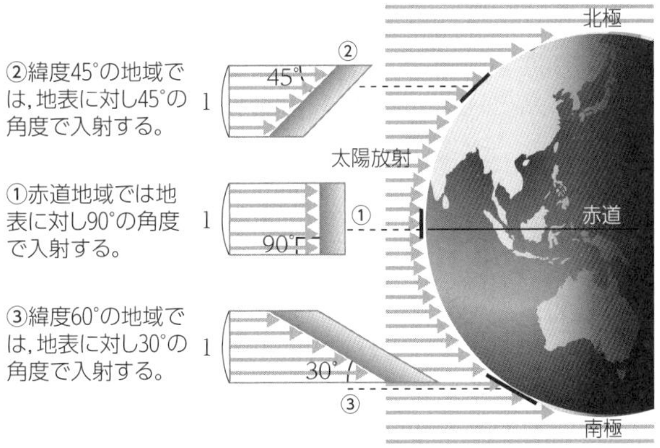

②緯度45°の地域で
は, 地表に対し45°の
角度で入射する。

45°

太陽放射

①赤道地域では地
表に対し90°の角度
で入射する。

90°

③緯度60°の地域で
は, 地表に対し30°の
角度で入射する。

30°

北極

赤道

南極

ふりかえろう

(1) ランドマークとは何か, 説明しよう(教科書p. 6 ～ 7)。

(2) 地球上の位置はどのようにあらわされるか説明しよう(教科書p. 8 ～ 9)。

✓ チェックポイント

① すべての人に使いやすいデザイン………………………………………(　　　　　　　)

② 旧グリニッジ天文台を通る0度の経線……………………………………(　　　　　　　)

③ 北半球の冬至に太陽の南中高度が90度となる場所……………………(　　　　　　　)

④ 地球儀や地図に引かれる地球の南北方向の位置を示す線…………(　　　　　　　)

⑤ 高緯度地域において夏至を中心に太陽が沈まない現象……………(　　　　　　　)

③世界の時差
ワーク①　世界の時差を見てみよう

1　経度差と時差

(1)地球は24時間で1回転(❶＿＿＿＿＿＿＿＿＿＿)しており，経度❷＿＿＿＿＿＿度につき1時間の時差が生じる

(2)経度0度である❸＿＿＿＿＿＿＿＿＿＿＿＿との経度差を基準とし，世界各国は自国の❹＿＿＿＿＿＿＿＿＿＿を設定

　⇒GMT(❺＿＿＿＿＿＿＿＿＿＿＿＿＿＿)との時差

　・日本…兵庫県❻＿＿＿＿＿＿市を通る東経❼＿＿＿＿＿＿度を❹としており，GMTとの時差は❽＿＿＿＿＿時間

(3)太平洋上…経度❾＿＿＿＿＿＿度線に沿うように❿＿＿＿＿＿＿＿＿＿＿＿を設定

(4)高緯度の国々…夏の長い日照時間を有効に活用するため，夏の間だけ時刻を進める⓫＿＿＿＿＿＿＿＿＿＿＿＿＿制を導入

(5)国際的な結びつきが強い現代社会　⇒時差の認識が変化

　例：時差を利用して，国外にコールセンターを置く企業

　　　スポーツ競技の開催時刻が視聴者の多い⓬＿＿＿＿＿＿＿＿＿やアメリカに合わせられる

ステップ　アップ

●次の飛行機の飛行時間と現地到着時間について，右ページの等時帯図も参考にして航空時刻表を完成させよう。

出発地	出発時刻	飛行時間	到着地（GMTとの時差）	現地到着時刻
大　阪	7月19日 12：25	12時間35分	リオデジャネイロ （GMT　　　）	＿月＿日＿時＿分
大　阪	7月22日 13：10	＿時間＿分	ホノルル（GMT　　　）	7月22日1時15分
ホノルル	7月28日 22：10	＿時間＿分	大　阪（GMT　　　）	7月30日3時15分

✓チェックポイント

①標準時間帯の基準となる0度の経線………………………………………(　　　　　　　　　)

②日本とグリニッジ標準時との時差…………………………………………(　　　　　　　　　)

③A地点より時差が10時間あるB地点との経度の差………………………(　　　　　　　　　)

④日本が設定している標準時子午線の経度…………………………………(　　　　　　　　　)

⑤夏の間だけ時刻を進める制度………………………………………………(　　　　　　　　　)

ワーク① 世界の時差を見てみよう

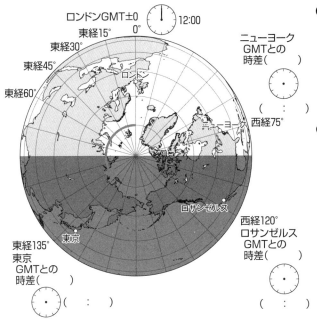

ロンドンGMT±0 12:00
東経15°　0°
東経30°
東経45°
ロンドン
東経60°
ニューヨーク
ニューヨーク　GMTとの
時差（　　）
西経75°
（　：　）
西経120°
ロサンゼルス
東経135°
ロサンゼルス
GMTとの
時差（　　）
東京
東京
GMTとの
時差（　　）
（　：　）
（　：　）

❶ロンドンが正午の時，東京・ロサンゼルス・ニューヨークはそれぞれ何時だろうか。左図の（　）内に数字を入れ，時計の針を書き込もう。

※ただし，サマータイムは考えないものとする。

❷東京とロサンゼルスの時差は何時間だろうか。下の（　）内に数字・語句を入れて文章を完成させよう。

東京は，GMTより（　　　　）時間早く，ロサンゼルスはGMTより（　　　　）時間（　　　）い。よって東京はロサンゼルスより（　　　）時間（　　　）い。

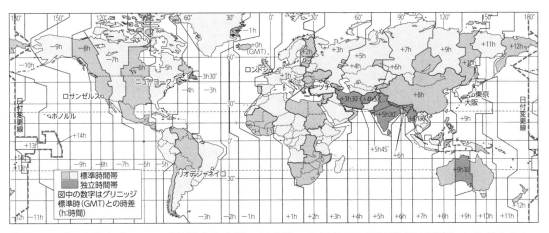

標準時間帯
独立時間帯
図中の数字はグリニッジ
標準時（GMT）との時差
（h:時間）

❸オリンピック開会式のテレビ放映を生中継で見る時，各都市での開始時刻は何時になるだろうか。

大 会	東京 GMT（　　）	ロンドン GMT（±0）	ニューヨーク GMT（　　）
ロンドン	7月＿＿日＿＿時＿＿分	7月27日21時00分	7月＿＿日＿＿時＿＿分
東 京	7月23日20時00分	7月＿＿日＿＿時＿＿分	7月＿＿日＿＿時＿＿分

ヒント　この時期，ロンドンとニューヨークはサマータイムを導入しているので，1時間時計は早くなっている。

ロンドンはGMT±0であるが，夏の間はGMT＋1となり，東京との時差は8時間となる。

④世界地図の見方・使い方

メ モ

メルカトル図法は本来，航海用以外では世界全体を示すのに向かない図法だが，長方形というおさまりやすさや，経緯度が直線である安定感から広く利用されてきた。タイル状に地図を分割して敷き詰めやすいことから，Googleマップや地理院地図などのウェブ地図にも採用されている。

1　世界地図と地図表現

(1)①_____（図法）…球面世界を地図に描く方法

(2)地図の4要素…②_____・③_____・④_____・⑤_____，どの図法もすべてを正しく表現することはできない

⇒さまざまな図法の地図が存在。図法ごとの特徴を理解し，用途に応じて使い分けることが重要

(3)⑥_____…地球を縮小して示したもの

⇒地図の4要素を同時に正しく示すことができるが，一度に世界全体を示すことはできない

2　航海に用いる地図

・⑦_____図法…大航海時代に航海図として考案。現在でも船舶に搭載される⑧_____は⑦図法で作成

①地図上の任意の2地点を結んだ直線が⑨_____となる

②緯線と経線が直交する直線となる⑩_____図法の1つ

③高緯度ほどひずみが大きく，方位や距離，面積が正しく表現されない

3　最短距離のルートを示す地図

・⑪_____図法…目的地までの距離と方位を知りたい時に利用

①地図の中心と任意の地点までの正しい距離と方位が計測できる。中心以外の地点どうしでは距離も方位も正しく表示されない

②地図の中心と任意の地点を結んだ直線が，2地点間の最短距離である⑫_____となる

③地図の中心から等距離の地点は同心円上に描かれる

④地図の外周は中心の真裏の地点（⑬_____）となる

⑤中心から外側に向かうにつれ，陸地の形や面積のひずみが大きい

⇒GPSの発達により，現在の船舶は最短距離の⑫を利用することが多い

メ モ

鳴川肇氏らによって考案された「オーサグラフ」は，地球上の陸地と海を均等にゆがみを分散させて描いた投影法で，面積比をほぼ正確に示すことができる。2016年度のグッドデザイン大賞を受賞し，新しい世界の捉え方ができると注目されている。

4　分布図に使う地図

・⑭_____図法…分布図や密度図で表現する時に使用。さまざまに工夫された多くの種類が存在

⇒①⑮_____図法…等間隔で正しい長さの緯線を描いた図法

②⑯_____図法…経線を楕円であらわした図法

③⑰_____（グード）図法…緯度40度44分より低緯度を⑮図法，高緯度を⑯図法で描き，つなぎ合わせた図法。海洋部が断裂するが，ひずみが小さい

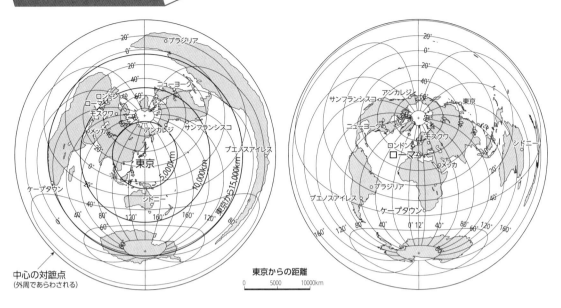

中心の対蹠点
(外周であらわされる)

東京からの距離
0   5000   10000km

(1)上の東京中心の正距方位図法に，東京・サンフランシスコ間の大圏航路を書き込もう。

(2)東京から見たローマの方位と，ローマから見た東京の方位をそれぞれ読み取ろう。

　　　　東京から見たローマの方位（　　　　　　）　　**ローマから見た東京の方位**（　　　　　　　）

(3)東京とローマからそれぞれ世界各地に出かける場合，どちらが有利な位置にあるだろうか。

　　　　　　　　　　　　　　　　　　　　　　　　　　　　　　　　　　（　　　　　　　　　）

(4)東京(北緯35度41分，東経139度42分)と，ローマ(北緯41度53分，東経12度29分)の対蹠点をそれぞ
　れ答えよう。

　　　東　京（　　　緯　　　度　　　分，　　　経　　　度　　　分）
　　　ロ ー マ（　　　緯　　　度　　　分，　　　経　　　度　　　分）

(5)ローマの対蹠点を地図帳で探し，その場所を答えよう。

　　　　　　　　　　　　　　　　　　（　　　　　　　　　　　　　　　）の東方沖

ふりかえろう ↺

●メルカトル図法と正距方位図法がそれぞれ正しくあらわしている地図の要素を説明しよう。

✓ **チェックポイント**

①地図の４要素を同時に示すことができるもの……………………………（　　　　　　　　　）

②大航海時代に航海のために考案された図法…………………………………（　　　　　　　　　）

③中心からの最短経路を示すことができ，主に航空図に使われる図法…（　　　　　　　　　）

④ある地点から見た地球の真裏の地点………………………………………（　　　　　　　　　）

⑤サンソン図法とモルワイデ図法をつなぎ合わせた図法……………（　　　　　　　　　）

4

⑤地図から読み取る情報　⑥デジタル化された地図
ワーク②　北緯35度を旅しよう

メモ
いのうただたか
伊能忠敬が作成した『大
日本沿海輿地全図』は日
本最古の実測図である。
そのあまりの正確さは，
江戸幕府が防衛のために
一般に流通することを禁
止したほどであった。

1　一般図と主題図

(1)❶＿＿＿＿＿＿…地表の状態と，分布する事象を縮尺に応じて正確に

あらわした地図

　　例：国土地理院が発行する❷＿＿＿＿＿＿など

(2)❸＿＿＿＿＿＿…特定の事象をテーマとして表現した地図

　　例：観光案内図・天気図・地質図・鉄道路線図など

　　　⇒❸では方位や距離が正しく表現されていないことも

2　地図の電子化

(1)日本では明治時代から国土の近代的な測量を開始。国土交通省国土地理

院が❷を整備

　　・❹＿＿＿＿＿＿…実際の測量をもとに作製された地図。2万5千分

　　の1地形図など。5万分の1地形図は2万5千分の1地形図を編集し

　　た地図

(2)❺＿＿＿＿＿＿…これまで国土地理院が刊行

　　⇒2009年より電子国土基本図へ変更

　　⇒❻＿＿＿＿＿＿としてインターネットで公開。さまざまな

　　情報がデータ化されており，多くの電子地図の基本となる

3　位置情報の取得

メモ
GPSの位置情報機能は
「Pokémon GO」などの
ゲームにも応用されてい
る。位置情報とAR（拡
張現実）が用いられ現実
世界がゲームの舞台とな
る。

(1)❼＿＿＿＿＿＿(GNSS)…人工衛星から

の電波を受信して位置情報を得るシステム。アメリカが運用する❽＿＿＿

＿＿＿＿はその代表例

　　⇒電子地図上の緯度・経度情報と組み合わせて，地図上に現在地を表示

(2)現在では，アプリケーションなどで簡単に位置情報を可視化

　　⇒経路を探索・誘導する❾＿＿＿＿＿＿

　　や，紛失したスマートフォンの探索などに利用

(3)船舶にGNSS受信機を搭載することで，最適かつ安全な航路を把握

メモ
電子基準点には地殻変動
を観測する役割もある。
日々の変化を観測するほ
か，地震や火山噴火の発
生の予測に役立てるため
研究が進められている。

(4)日本ではGNSSと連動した❿＿＿＿＿＿を約1,300か所に

設置。地殻変動の監視や，精密な測量に利用

(5)正確な位置情報の把握は，危険業務の⓫＿＿＿＿＿＿などにも応用

　　例：北海道での春季の除雪，ドローンを利用した輸送など

(6)より正確な位置情報を得るため日本は人工衛星「⓬＿＿＿＿＿＿」を

打ち上げ，2018年より4機での運用を開始。ロシアやEU，中国などで

も人工衛星の開発が進む

ワーク② 北緯35度を旅しよう

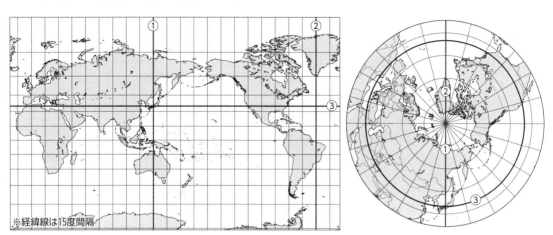

※経緯線は15度間隔

❶上図の線①は東経135度，線③は北緯35度である。線②は東経あるいは西経何度の経線だろうか。

（　　　　　　　　　　度）

❷東京から真北に向かい，北極点をこえて最初に到達する陸地はどこだろうか。

（　　　　　　　　　　）

❸地図帳を見て，北緯35度に位置する国を調べよう。

ふりかえろう

(1)会津若松市の観光地図は，なぜ上が東となっているのか説明しよう（教科書p.16〜17）。

(2)地図がデジタル化されるメリットを説明しよう（教科書p.18〜19）。

✓ チェックポイント

①実際の測量に基づき事象を正確にあらわした地図……………………（　　　　　　）

②特定の事象をテーマとして表現した地図………………………………（　　　　　　）

③2009年より，国土基本図から変更されたもの………………………（　　　　　　）

④GNSSの代表例であり，アメリカが運営するシステム………………（　　　　　　）

⑤GNSSと連動し，日本全国約1,300か所に設置されているもの………（　　　　　　）

⑦地理情報システムの活用
ワーク③　さまざまな統計地図を見てみよう

メ　モ

地理院地図は無料で利用できるGISの代表例である。土地条件図や年代別の写真など豊富なデータが用意されているほか，災害発生時には迅速に航空機での撮影を行い，地理院地図上で公開している。だれでも閲覧できるため被災状況の把握に役立てられている。

① GISの活用

(1)❶＿＿＿＿＿＿＿＿＿＿＿＿（GIS）…統計データなどのデジタル化された地理情報を加工し，分布の特色や地域の特徴を分析，考察しようとするシステム

⇒❷＿＿＿＿＿＿＿＿＿と呼ばれる階層を地図上に重ね合わせて表現

(2)GIS活用の例

　①地形図に土地利用を重ね合わせた土地利用区分図

　②新旧の地形図を比較してその土地の❸＿＿＿＿＿＿＿を分析

　③❹＿＿＿＿＿＿データを用いて，氾濫発生時の浸水深を想定する

　④避難場所や道路などを重ね合わせ，❺＿＿＿＿＿＿＿＿を検討

　　・❻＿＿＿＿＿＿＿＿＿＿…災害発生の危険度や被害の想定などを示した地図。全国の自治体が防災対策に活用

　⇒地理的情報を地図化することは，地理的な思考や判断に有効

チャレンジしよう

(1)教科書p.20■を見て，豚肉率が78％以上の都道府県を赤色で着色しよう。

(2)東日本と西日本の都道府県では，どのような特徴が読み取れるだろうか。

0　　　200km

ステップ　アップ

●学校のある地域のハザードマップを調べて，発生しやすい災害と，予想される被害を確認しよう。

ワーク③ さまざまな統計地図を見てみよう

A 地形（等値線図）

B 人口密度（メッシュマップ）

C 市町村別人口増加率（階級区分図）

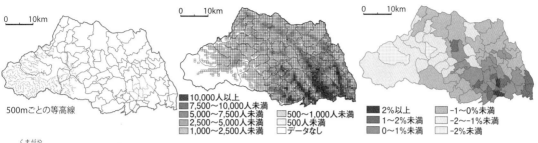

500mごとの等高線

B凡例
- 10,000人以上
- 7,500〜10,000人未満
- 5,000〜7,500人未満
- 2,500〜5,000人未満
- 1,000〜2,500人未満
- 500〜1,000人未満
- 500人未満
- データなし

C凡例
- 2%以上
- 1〜2%未満
- 0〜1%未満
- -1〜0%未満
- -2〜-1%未満
- -2%未満

D 熊谷市・さいたま市・
東京都への通勤者数（流線図）

- 100,000人
- 10,000人
- 1,000人
- 熊谷市
- さいたま市
- 東京23区

E 郵便局の分布（ドットマップ）

F 主な鉄道路線図

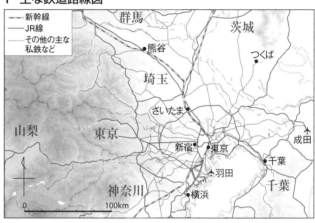

- 新幹線
- JR線
- その他の主な私鉄など

群馬　茨城　熊谷　つくば　埼玉　さいたま　山梨　東京　新宿　東京　成田　羽田　千葉　千葉　神奈川　横浜

❶AとBを重ねてみることで，地形と人口分布にはどのような関係があると読み取れるだろうか。

❷CとFを見くらべてみることで，鉄道と人口増加率にはどのような関係があると読み取れるだろうか。

ステップ　アップ

●BとE，BとFをそれぞれ見くらべて，人口密度がほかの事象に与える影響について考えよう。

ワーク④　地図を持って街を歩こう

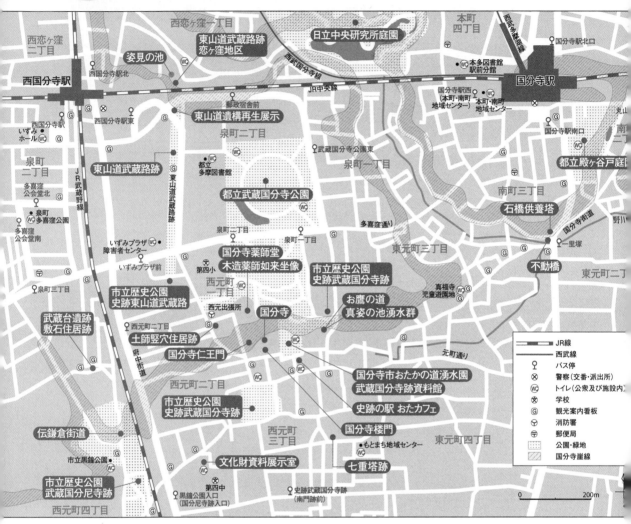

❶教科書p.25の文章中の下線部**A**〜**D**の地点を上の地図中から見つけ，赤色で丸をつけよう。

A 姿見の池　　　　　**B** 国分寺薬師堂　　　　**C** お鷹の道　　　**D** 都立殿ヶ谷戸庭園

❷Aさんは教科書p.25の文章中の**A**〜**D**の地点で，次ページの写真**ア**〜**エ**を撮影した。教科書の文章を読んで，各撮影地点を❶の選択肢から選び，次ページの空欄に記入しよう。

❸教科書p.25の文章をもとに，Aさんの歩いたルートを上の地図中に青色で描こう。

ア（　　　　）

イ（　　　　）

ウ（　　　　）

エ（　　　　）

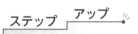

(1)右は地理院地図で見た国分寺駅周辺の土地の
　　ようすである。この地図から読み取れる国分
　　寺駅周辺の地形を答えよう。

　　　　　　（　　　　　　　　　　　　　　）

(2)「武蔵国分寺跡」はどのような場所に立地して
　　いるだろうか。左の地図も参考にして，説明
　　しよう。

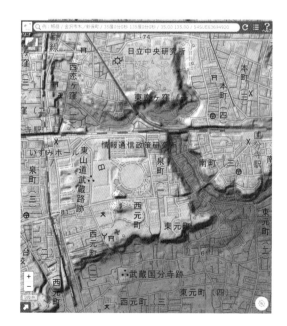

①国家の領域と国境
②日本の領域とさまざまな領土問題

メモ

1海里は緯度1分（緯度1度の1/60）の距離で，1,852mである。1時間に1海里進む速さの単位を1ノットという。

1 国家の領域

・❶＿＿＿＿＿＿＿＿＿＿…それぞれの国家が持つ固有の❷＿＿＿＿＿，そこに住む❸＿＿＿＿＿，ほかから干渉されない❹＿＿＿＿

⇒①❷…領土と❺＿＿＿＿＿，その上空の❻＿＿＿＿＿から構成

②❻は大気圏内とされており，大気圏外の宇宙空間を他国の人工衛星が通ることは自由

③大使館や領事館には受け入れ国の司法や行政の権限が及ばないなどの特権が国際条約で制定

2 排他的経済水域

ポイント

日本の排他的経済水域の面積は世界第6位で，マンガン団塊やメタンハイドレートなど海底資源の開発が進められている。

・❼＿＿＿＿＿＿＿＿＿（EEZ）…❺の外側の，海岸線から200海里までの水域

⇒水産資源や海底地下資源の開発・利用などの権利は沿岸国が独占

3 国境の種類

(1)❽＿＿＿＿＿…国家の❷が接する境界

⇒①❾＿＿＿＿＿＿＿…自然の障壁を用いた❽。アメリカとメキシコを分けるリオグランデ川や，スペインとフランスを分けるピレネー山脈など

②❿＿＿＿＿＿＿…緯線や経線などを用いた❽

ポイント

アフリカの国境の多くは，19世紀にイギリス・フランス・スペイン・ポルトガルなどのヨーロッパ諸国が植民地を分割した時の境界線である。

(2)❽をこえる際には，パスポート（旅券）とビザ（査証）の審査を受けることが一般的であるが，⓫＿＿＿＿＿＿＿＿を結んでいるヨーロッパの国々では往来が自由

⇒アメリカとメキシコの❽では不法入国を防ぐために厳格な管理

ポイント

日本の南端である沖ノ鳥島は侵食により水没するおそれがあるため，1987年から護岸工事が実施された。沖ノ鳥島が水没した場合，日本は領土よりも広い約40万㎢の排他的経済水域を失うことになる。

4 日本の領域

(1)日本の北端である⓬＿＿＿＿＿と南端である⓭＿＿＿＿＿の緯度は約25度違い，気候も大きく異なる

(2)日本の東端である⓮＿＿＿＿＿と西端である⓯＿＿＿＿＿の経度は約30度違い，日の出や日の入りの時刻が約2時間も違う

5 日本の領土問題

(1)⓰＿＿＿＿＿問題…⓰とは，国後島・⓬・色丹島・歯舞群島の四島を指し，日本はロシアに対して返還を求め続けている

(2)韓国との間には，⓱＿＿＿＿（島根県）の領有権問題を抱えており，⓲＿＿＿＿（沖縄県）は，中国や台湾当局が領有権を主張

チャレンジしよう

●空欄ア～オに入る自然的国境，もしくは人為的国境に用いられる地名や経緯度を書き込もう。

ア＿＿＿＿＿＿

イ＿＿＿＿＿＿

ウ＿＿＿＿＿＿

エ＿＿＿＿＿＿

オ＿＿＿＿＿＿

ステップ　アップ

●地図帳を見て，上図以外の自然的国境と人為的国境を１つずつ探そう。

自然的国境	国		地形
		と	
人為的国境	国		経緯線
		と	

ふりかえろう

(1)アフリカには，なぜ人為的国境が多いのか説明しよう(教科書p.26～27)。

(2)日本列島の緯度差・経度差はそれぞれ何度か説明しよう(教科書p.28～29)。

チェックポイント

①国家の三要素は国民と主権と何か……………………………………………(　　　　　)

②水産・地下資源を沿岸国のものとする基線から200海里の水域………(　　　　　)

③海洋や山脈，河川など自然の障壁を用いた国境…………………………(　　　　　)

④日本の北端の島で北方領土の１つ…………………………………………(　　　　　)

⑤日本の東端で，自衛隊や気象庁などの職員のみが常駐する島………(　　　　　)

③国家をこえた結びつき

1 東西冷戦と国家の結びつき

(1)❶_____…第二次世界大戦後に世界の平和を願って結成

(2)❷_____…第二次世界大戦後の，アメリカを中心とする資本主義の国々と，ソ連を中心とする社会主義の国々との対立

⇒①アメリカを中心とした❸_____(NATO)と，ソ連を中心とした❹_____(WTO)が結成

②1980年代，社会主義経済の行き詰まりが顕著になり，ベルリンの壁の崩壊とマルタ会談により❷が終結

③1991年，バルト3国とジョージアを除くソ連を構成する11の共和国が❺_____(CIS)を組織し，ソ連は解体

2 さまざまな国家の結びつき

(1)国際競争力を強めるための国家間の結びつき

⇒①27か国が加盟する❻_____(EU)

②アメリカ・メキシコ・カナダが加盟する❼_____(USMCA)

③南アメリカの南米南部共同市場(MERCOSUR)

④東南アジアの❽_____(ASEAN)

⑤アジア・太平洋地域の❾_____(APEC)

(2)特定の天然資源に関する共通の利益を守るために結成された組織

…❿_____(OPEC)など

(3)⓫_____(WTO)…貿易の障壁撤廃と自由貿易の推進のために発足

⇒①二国間あるいは地域間で関税の撤廃などを行う⓬_____(FTA)や⓭_____(EPA)の締結

②2018年に，日本を含む太平洋に面する11か国による⓭の⓮_____(環太平洋パートナーシップに関する包括的及び先進的な協定)が発効

(4)地域的な包括的経済連携(⓯_____)協定…ASEANと日本・中国・韓国・オーストラリア・ニュージーランドで構成される⓭。2020年に署名・合意，2022年発効

ポイント

国連結成の第一の目的は国際平和の維持であるが，冷戦後は民族紛争やテロ攻撃などに対して，新たな世界秩序を維持する役割が期待されている。

メモ

国連結成時の加盟国数は51。植民地の独立とともに加盟国は増加し，2024年現在，193か国が加盟している。

メモ

USMCAは，1994年に発効した北米自由貿易協定(NAFTA)に代わるもので，2020年に発効した。

ポイント

WTOは自由貿易の促進を目的に1995年に設立された。現在，164の国・地域が加盟しているが，組織の意思決定は全会一致が原則であるため，各国の利害が複雑に絡み合い，多国間での交渉がまとまりにくい。

メモ

2023年にCPTPPへのイギリスの加盟が合意され，現在は各加盟国での批准待ちの状態である。

　p.17クイズの答え　②

●2022年のEUとUSMCAではどちらの１人あたりGDP（国内総生産）が大きいだろうか。教科書p.30**4**を参考に下の表を完成させて考えよう。　　　　　　　（　　　　　　　　　　　）

	ASEAN	EU	USMCA	日　本	中　国
人　口	（　　　　　億人）	（　　　　　億人）	（　　　　　億人）	（　　　　　億人）	（　　　　　億人）
GDP	（　　　　　億ドル）	（　　　　　億ドル）	（　　　　　億ドル）	（　　　　　億ドル）	（　　　　　億ドル）

ステップ　アップ

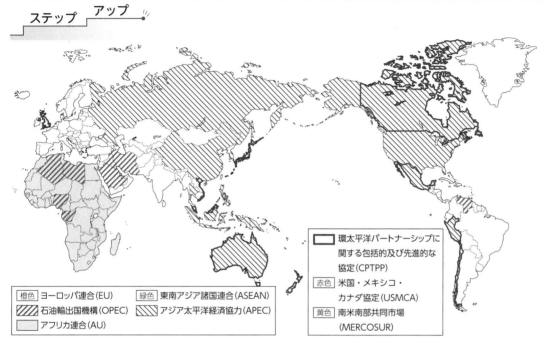

| 環太平洋パートナーシップに関する包括的及び先進的な協定（CPTPP） |
| 橙色 ヨーロッパ連合（EU）　緑色 東南アジア諸国連合（ASEAN） |
| 石油輸出国機構（OPEC）　アジア太平洋経済協力（APEC） |
| アフリカ連合（AU） |
| 赤色 米国・メキシコ・カナダ協定（USMCA） |
| 黄色 南米南部共同市場（MERCOSUR） |

(1)教科書p.31**5**を見て，EU・USMCA・ASEAN・MERCOSURの加盟国を凡例にしたがって着色しよう。

(2)EU・ASEAN・MERCOSUR・OPECの本部が置かれている都市を調べ，上の地図に書き込もう。

ふりかえろう

●1960年に国連への加盟国が増えたのはなぜか，説明しよう。

　　

✓ チェックポイント

①第二次世界大戦後に世界の平和維持を目的に結成された国際機関…（　　　　　　　　　）

②第二次世界大戦後に結成されたアメリカを中心とした軍事同盟……（　　　　　　　　　）

③1967年に東南アジアで経済関係を強めるために結成された組織……（　　　　　　　　　）

④1960年に産油国が利益を守るために結成した組織……………………（　　　　　　　　　）

⑤貿易の障壁撤廃と自由貿易の推進のための国際機関………………（　　　　　　　　　）

9

ワーク⑤　ＡＳＥＡＮの結びつきを見よう
ワーク⑥　ＥＵの結びつきを考えよう

ワーク⑤　ＡＳＥＡＮの結びつきを見よう

❶白地図にASEAN現加盟10か国の国名と首都の位置，首都名を記入しよう。

❷教科書p.32の文章を参考にして，白地図を記入した国名のうち，ASEAN発足当初の加盟国を丸で囲もう。

❸教科書p.32の表を見て，「１人あたり産業付加価値額」の年平均成長率を，白地図の凡例にしたがって着色しよう。

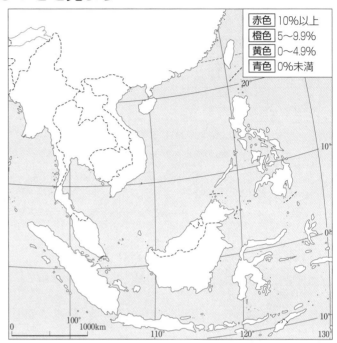

赤色	10%以上
橙色	5〜9.9%
黄色	0〜4.9%
青色	0%未満

ステップ　アップ

(1)下の表は，タイ・マレーシア・ベトナム・ミャンマーの１人あたりGNI（国民総所得），実質経済成長率，GDP（国内総生産）に占める第１次産業の割合である。空欄にあてはまる国名をそれぞれ答えよ。

国　名	１人あたり GNI（ドル，2018 年）	実質経済成長率（%，2018 年）	GDP に占める第 1 次産業の割合（%，2018 年）
	2,440	7.1	14.6
	6,925	4.2	8.1
	1,350	6.4	21.4
	10,968	4.7	7.5

ヒント　教科書p.32の表も参考に考えよう。

(2)ASEANに後から加盟した国々にはどのような特徴があるのだろうか。

ワーク⑥　ＥＵの結びつきを考えよう

❶教科書p.33の「EU加盟国の１人あたりGDP（国内総生産）」の表を見て，地図の凡例にしたがって着色しよう。

❷完成した地図を見て，次の文章の（　　）にあてはまる語句を書き込もう。

2000年までに加盟した国々は，ヨーロッパの（　　）側に位置する国が多く，また，2000年以降に加盟した国々の１人あたりGDPは比較的（　　）い国が多い。

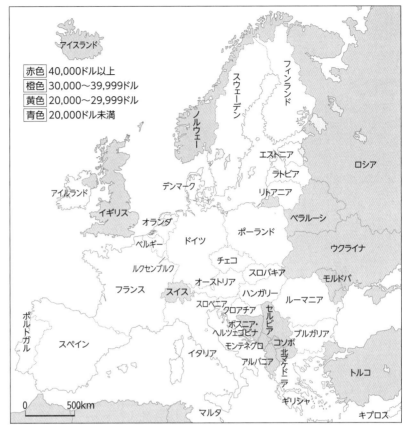

赤色　40,000ドル以上
橙色　30,000〜39,999ドル
黄色　20,000〜29,999ドル
青色　20,000ドル未満

アイスランド
フィンランド
スウェーデン
ノルウェー
ロシア
エストニア
ラトビア
デンマーク
リトアニア
アイルランド
イギリス
ベラルーシ
オランダ
ポーランド
ウクライナ
ベルギー
ドイツ
ルクセンブルク
チェコ
スロバキア
モルドバ
フランス
スイス
オーストリア
ハンガリー
ルーマニア
スロベニア
クロアチア
セルビア
ボスニア・ヘルツェゴビナ
ブルガリア
ポルトガル
スペイン
モンテネグロ
コソボ
北マケドニア
イタリア
アルバニア
トルコ
ギリシャ
0　500km
マルタ
キプロス

ステップ　アップ

(1)EUは1993年に市場統合を果たし，人・「モノ」・資本・サービスの移動が自由になった。それぞれの具体例を調べ，下の表にまとめよう。

人の移動	「モノ」の移動	資本の移動	サービスの移動

(2)イギリスがEU離脱を決めた背景にはどのようなことがあるのだろうか。

10

④交通機関の発達と縮小する世界
⑤情報・通信で一体化する世界

1　縮小する世界

・交通機関の発達によって❶＿＿＿＿＿＿＿＿＿＿が縮小

⇒人や「モノ」の移動が活発になったが，交通の利便性の向上がかえって

地域を衰退させる❷＿＿＿＿＿＿＿＿＿の問題も発生

2　交通機関の発達

(1)❸＿＿＿＿＿＿＿…速度は遅いが，大きくて重いものを，大量かつ安価

に輸送できる。古くから重要な移動手段であり，世界の大都市の多くが

河川沿いや海沿いに立地

(2)❹＿＿＿＿＿＿＿…陸上で重いものを大量に運ぶことに適する。都市圏

の通勤・通学など日常生活に不可欠

(3)❺＿＿＿＿＿＿＿＿…1台あたりの輸送量は小さいが，利用時刻や行

き先，走行ルートの選択などの点で自由度が高い

⇒大衆化や道路の整備とともに❻＿＿＿＿＿＿＿＿

（車社会化）が進展

(4)❼＿＿＿＿＿＿＿…運賃が高いが圧倒的な速さを誇り，旅客のほか，小

さくて高価な工業製品や鮮度が重要な生鮮食料品などの輸送に利用

(5)❽＿＿＿＿＿＿＿＿…これまでトラックなどで輸送してい

た貨物を，二酸化炭素排出量の少ない❸や❹に代える動き

3　通信技術の発達

(1)❾＿＿＿＿＿＿＿＿…世界中のコンピュータなどの情報機

器を接続するネットワーク

⇒①1990年代に商用利用が可能になり，❿＿＿＿＿＿＿

と呼ばれる技術革新が起こり，社会と経済が変革

②スマートフォンの普及によって，簡単に❾へ接続できるようにな

った。あらゆる「モノ」が❾に接続される⓫＿＿＿＿＿＿＿

の到来が予想

4　高度情報社会の光と影

(1)高度情報社会はすべての人々・地域に恩恵を与えているわけではない

⇒⓬＿＿＿＿＿＿＿＿＿（情報格差）…情報通信機器の購

入や操作ができない人，高速通信回線の整備が遅れている地域の人な

ど，高度情報社会の利便性を享受できない人や地域との間の格差

(2)⓭＿＿＿＿＿（人工知能）の発展…生産性の向上と労働力不足を補う一方，

失業者が増加する可能性も

ポイント

交通手段の大型化・高速化が現代の国際社会の人や「モノ」の移動を可能にし，世界的な経済統合を促進した。

ポイント

成田や関西などの各空港は，世界各地から路線が集まる**ハブ空港**化を目指しているが，東・東南アジアの空港との競争が激しい。

メモ

2020年にアメリカで活発化した人種差別撤廃を訴えるBLM運動は，ソーシャルメディアを通じて世界中に広がり，各地でデモが行われた。

ポイント

ICTの進展により，多様で膨大なデジタルデータが日々蓄積されている。この膨大な情報を**ビッグデータ**と呼び，活用が進む一方，悪用の危険性が問題となっている。

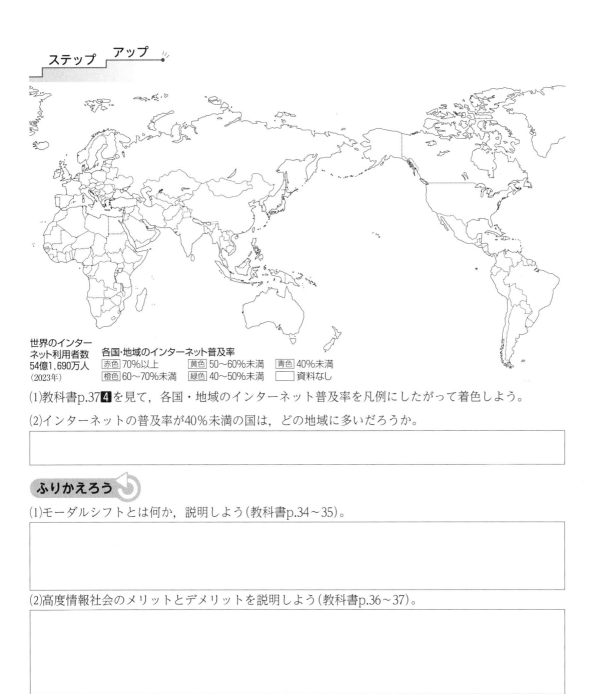

世界のインターネット利用者数
54億1,690万人
(2023年)

各国・地域のインターネット普及率

赤色 70%以上	黄色 50～60%未満	青色 40%未満
橙色 60～70%未満	緑色 40～50%未満	□ 資料なし

(1)教科書p.37 ４ を見て，各国・地域のインターネット普及率を凡例にしたがって着色しよう。

(2)インターネットの普及率が40％未満の国は，どの地域に多いだろうか。

ふりかえろう

(1)モーダルシフトとは何か，説明しよう(教科書p.34～35)。

(2)高度情報社会のメリットとデメリットを説明しよう(教科書p.36～37)。

✓ チェックポイント

①自動車が普及した先進国で，自動車依存が高まる現象……………………(　　　　　)

②世界各地から航空路線が集まる中心的な空港……………………………(　　　　　)

③輸送を自動車から二酸化炭素排出量の少ない手段に代える動き……(　　　　　)

④高度情報社会を推し進めるきっかけとなった技術革新………………(　　　　　)

⑤情報や情報技術を利用できる人とできない人の間に生じる格差……(　　　　　)

11 ⑥拡大する世界の貿易と物流
⑦グローバル化と人の移動による結びつき

1 変化する日本と世界の貿易

(1)先進国は発展途上国から❶＿＿＿＿＿＿＿＿＿＿を輸入し，加工して付加

価値を高めて輸出する❷＿＿＿＿＿＿＿＿＿により成長

(2)❸＿＿＿＿＿＿＿＿＿…世界各地でビジネスを展開する企業

⇒生産拠点を先進国から人件費の安い発展途上国へ移動させることで，

先進国では❹＿＿＿＿＿＿＿＿＿が見られるように

(3)❺＿＿＿＿＿＿＿…国によって生産コストが違うため，安価な製品

の輸入がその国の産業に打撃を与えることで起こる

⇒日米間の❺は，時代とともに対象品目が変化

2 物流の発達と社会の変化

(1)世界の貿易量の拡大とともに物流の重要性が増加

⇒日数はかかるが，大量の物資を安価に運べる❻＿＿＿＿＿が注目

⇒①ばら積み貨物船による輸送が多かったが，今日（こんにち）では荷役（にやく）作業が短縮

できる❼＿＿＿＿＿輸送が増加

②❻の大型化やLNGタンカー・自動車運搬船のような❽＿＿＿＿＿

＿＿＿＿＿も進む

(2)❾＿＿＿＿＿＿＿…冷凍食品や水産物，医薬品などを低温

のまま輸送できる流通方法

3 人々の移動と経済活動

(1)❿＿＿＿＿＿＿＿＿…交通機関や情報通信技術の発達，企業活

動の国際化にともない，人・「モノ」・資本が国境をこえて盛んに往来す

ること

⇒アメリカでは，ラテンアメリカ諸国からスペイン語を母語とする

⓫＿＿＿＿＿＿＿＿＿が多く移住

(2)経済的な豊かさを求める人の移動は続いているが，受け入れ国の反発や

劣悪（れつあく）な労働環境などの課題も

4 増える訪日外国人

(1)アジア諸国の所得向上や，ビザなど訪日条件の緩和（かんわ），LCC(格安航空会

社)の就航などを背景に，訪日外国人旅行者数が増加

⇒観光客の消費動向は，買い物などの「⓬＿＿＿＿＿＿＿」から，伝統

文化の体験などの「⓭＿＿＿＿＿＿＿」へ変化

(2)外国人労働者の受け入れ数も増加

ポイント

現代世界は国際的な人や「モノ」の移動なしでは成り立たない。日本は食料(穀物)の2/3，エネルギーの80％以上を輸入に頼っている。

メモ

大型コンテナ船が利用する港湾には，15ｍ以上の水深とコンテナを運搬・保管する施設や土地が必要である。コンテナの幅も8フィート(約2.4ｍ)に規格化されている。

メモ

スマートフォンの普及と技術革新が，銀行口座を持たない出稼ぎ外国人労働者による海外からの送金を容易にした。

ポイント

2015年には訪日外国人旅行者数が日本人海外旅行者数を上回り，「爆買い」が流行語にもなった。しかし，新型コロナウイルス感染症の流行下では，国をまたいだ移動が規制され，訪日外国人旅行者数は大幅に減少した。

●日本の輸出品目の変化について，以下の表に各年代の最大の輸出品を書き込もう。

	1900年	1935年	1960年	1990年
最大の輸出品				

ステップ アップ

(1)訪日外国人旅行者数が100万人以上の国のグラフを赤色でなぞろう。

(2)訪日外国人旅行者は，どの地域に多く，どの地域に少ないだろうか。

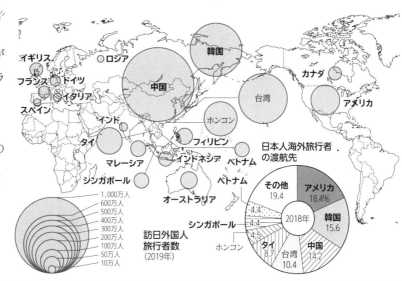

ふりかえろう

(1)産業の空洞化はどのような現象で，どのような国で起きるのか，説明しよう(教科書p.38〜39)。

(2)2010年代に入って訪日外国人旅行者が増加したのはなぜか，説明しよう(教科書p.40〜41)。

チェックポイント

①専門的な知識や高度な技術を必要とする産業……………………………(　　　　　　　)

②世界各地に展開し，世界規模で経営戦略を立てて活動する企業……(　　　　　　　)

③日本国内の工業の製造拠点が海外移転することで生じる現象………(　　　　　　　)

④日本人海外旅行者の渡航先として最も多い国……………………………(　　　　　　　)

⑤地域固有の資源に着目した体験型・交流型の消費動向……………(　　　　　　　)

12 学習をふりかえろう①

地図の役割やグローバル化が進む現代世界についてふりかえろう

❶さまざまな図法と地図について，空欄に当てはまる語句を**A**〜**I**からすべて選び空欄に書き込もう。

メルカトル図法(正角図法)	特徴(　　　　　　　)	用途(　　　　)
正距方位図法	特徴(　　　　　　　)	用途(　　　　)
正積図法	特徴(　　　　　　　)	用途(　　　　)

特徴	**A.**図の中心と任意の地点を結んだ直線が大圏航路を示す **B.**地図上の2点間を結ぶ直線が等角航路を示す　　**C.**地図の外周が対蹠点(たいせき)となる **D.**面積が正しい　　**E.**経線と緯線が直交する　　**F.**地図の中心から見た方位が正しい
用途	**G.**分布図　　**H.**航海図　　**I.**航空図

❷次の問いについて，アルファベットの略称で答えよう。

(1)複数の人工衛星からの電波を受信して，位置情報を取得するシステム　　(　　　　　　　)

(2)コンピュータで地理情報を重ね合わせ，情報の管理や分析を行うシステム　　(　　　　　　　)

❸次の国際機関をアルファベットの略称で答えよう。

(1)1993年に，マーストリヒト条約の発効によって発足した国際組織　　(　　　　　　　)

(2)東南アジア10か国による地域協力機構　　(　　　　　　　)

(3)アメリカ・メキシコ・カナダによる自由貿易協定　　(　　　　　　　)

❹グローバル化による社会の変化について，空欄(a)〜(f)に当てはまる語句を答えよう。

交通	交通機関の発達は時間距離を短縮させ，世界は相対的に縮小された。自動車の大衆化により(a)が進展したが，排ガスなどの環境負荷も問題となっている。現在は環境負荷を小さくするため，トラックなどの自動車による貨物輸送を鉄道や船舶に転換する(b)も見られる。
情報・通信	1990年代にインターネットが普及して以降，(c)と呼ばれる技術革新が起こった。現在，あらゆるものがインターネットに接続される(d)の到来が予想されているが，情報・通信技術を利用できる人とそうでない人との間に(e)と呼ばれる格差が生じている。
貿易・物流	世界の貿易量の増大により，物流の重要性が増している。大量の貨物を安価に輸送できる船舶は専用船化が進み，なかでも荷役(にやく)作業を効率化できる(f)輸送が増えている。
人	資本や「モノ」だけでなく，仕事や高い賃金を求める出稼ぎ労働者や，観光による人の移動も活発になった。しかし，外国人労働者への反発や，劣悪(れつあく)な労働環境などの課題もある。

(a)(　　　　　　　)　　(b)(　　　　　　　)　　(c)(　　　　　　　)

(d)(　　　　　　　)　　(e)(　　　　　　　)　　(f)(　　　　　　　)

　p.25クイズの答え　②

❺グローバル化のメリットを説明しよう。

❻グローバル化のデメリットを説明しよう。

❼グローバル化が進む現代世界で，あなたの学校がある地域をより活性化させていくにはどうしたら
よいか考え，説明しよう。

❽第1編1章をふりかえり，次の評価の観点A～Cについて，達成度を○・△・×で自己評価しよう。

	A		B		C	
評価の観点	地図の役割やグローバル化の進む現代世界について，理解することができた。		地図を正しく読み取り，グローバル化の進む現代世界の特徴や課題をとらえることができた。		地図を正しく活用し，グローバル化の進む現代世界の課題解決について考えることができた。	

①世界の生活・文化を写真でつかもう
②人々の生活に彩りを与える気候(1)

1　世界の生活・文化を写真でつかもう

・❶＿＿＿＿＿＿＿＿…諸地域の生活様式や生産活動を特色づける

　⇒❷＿＿＿＿＿＿＿（地形・気候・植生など）と❸＿＿＿＿＿＿

　（政治・経済・文化など）で構成

2　気候と生活

(1)❹＿＿＿＿＿＿…毎年同じように繰り返される大気の現象の平均的な状態

　⇒地域の植生や土壌，住居や衣服などの生活・文化に深いかかわり

(2)❹に影響を与える気温・風・降水量など❺＿＿＿＿＿＿＿＿と，❺に

　影響を与える緯度・標高・海流などの❻＿＿＿＿＿＿＿

3　大気の循環と気候

(1)気温は低緯度地方で高く，高緯度地方や標高の高い場所で低い

(2)気温の❼＿＿＿＿＿＿＿＿…高緯度地方ほど大きい

(3)気温の❽＿＿＿＿＿＿＿＿…低緯度地方では❼よりも大きい

(4)世界の気圧帯と恒常風

　・❾＿＿＿＿＿＿＿＿＿（熱帯収束帯）…赤道付近で暖められた大気

　　が上昇して雨を降らせる気圧帯

　・❿＿＿＿＿＿＿＿＿＿（中緯度高圧帯）…❾で上昇した大気が

　　緯度30度付近で下降する気圧帯。降水量よりも蒸発量が多くなる

　・⓫＿＿＿＿＿＿＿…❿から❾に向かって吹く風

　・⓬＿＿＿＿＿＿＿…❿から高緯度へ向かって吹く風

(5)⓭＿＿＿＿＿＿＿＿…大陸と海洋の間で，夏と冬とで風向きが反対

　になる風

(6)⓮＿＿＿＿＿＿＿＿…熱帯地方の海洋上に発生する低気圧で大雨や

　高潮，強風をもたらす。発生地域によって呼び名が異なり，北西太平洋

　では⓯＿＿＿＿＿，北西大西洋やカリブ海では⓰＿＿＿＿＿

　インド洋や南太平洋では⓱＿＿＿＿＿＿＿＿と呼ばれる

4　海流と気候

(1)海流は熱を運ぶため，地域の気候に影響を与える

　⇒・ヨーロッパ北西部…暖流が沖合を流れ，高緯度だが冬でも暖かい

　　・ペルー・ナミビア沿岸…寒流が沖合を流れ，冷涼で降水量が少なく

　　　⓲＿＿＿＿＿＿＿＿を形成

(2)⓳＿＿＿＿＿＿＿＿＿はペルー沖などで数年おきに海水

　温が上昇する現象。⓴＿＿＿＿＿＿＿＿は⓳と逆の現象

ポイント

1年のうち最暖月平均気温と最寒月平均気温の差を年較差，1日の最高気温と最低気温の差を日較差という。

ポイント

貿易風などの年間を通してやむことのない風を恒常風という。

メモ

ペルー海流はフンボルト海流とも呼ばれる。これはドイツの地理学者フンボルト（1769-1859）が南アメリカ大陸を探検した際に発見したことに由来する。彼は同時に，この地域に生息するペンギンも観察し，現在ではフンボルトペンギンとして知られている。

p.27クイズの答え　　①

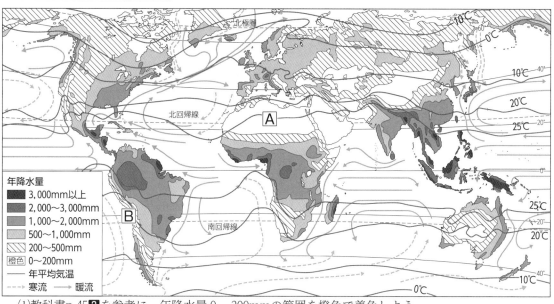

年降水量
- 3,000mm以上
- 2,000～3,000mm
- 1,000～2,000mm
- 500～1,000mm
- 200～500mm
- 橙色 0～200mm
- ─── 年平均気温
- ---→ 寒流　──→ 暖流

(1)教科書p.45**3**を参考に，年降水量0～200mmの範囲を橙色で着色しよう。

(2)図中**A**ではどうして砂漠になるのか説明しよう。

(3)図中**B**ではどうして砂漠になるのか説明しよう。

ふりかえろう

●日本では，雨雲が西から東へ移動することが多い理由を説明しよう(教科書p.44～45)。

✓ チェックポイント

①気温・風・降水量・蒸発量など気候に影響を与えるもの……………(　　　　　)

②偏西風と極偏東風との間にできる前線……………………………(　　　　　)

③亜熱帯高圧帯から高緯度方向へ吹く風……………………………(　　　　　)

④大陸と海洋の間で，夏と冬で風向きが反対になる風………………(　　　　　)

⑤インド洋や南太平洋での熱帯低気圧の呼び名………………………(　　　　　)

②人々の生活に彩りを与える気候(2)

1 熱帯地域の自然と生活

(1)年間を通して気温が高く，はっきりとした四季の区分がない

　　⇒気温の年較差にくらべて日較差が大きい

(2)❶＿＿＿＿＿＿＿＿＿　によって，毎日のように強い雨が短時間に降る

(3)❷＿＿＿＿＿＿＿＿＿（ラトソル）…熱帯に分布する，肥沃でない

　赤い土壌

〈熱帯雨林気候(Af)〉

(1)年中高温多雨な地域。アマゾン川周辺の雨林は❸＿＿＿＿＿＿＿と呼ば

れる

(2)狩猟や採集，伝統的な❹＿＿＿＿＿＿＿のほか，天然ゴム・アブラ

ヤシ・カカオなどの商品作物を栽培する❺＿＿＿＿＿＿＿

農業が行われる

〈サバナ気候(Aw)〉

(1)熱帯雨林気候の周辺に分布。1年が雨季と乾季に分かれる

(2)❻＿＿＿＿＿＿＿…丈の長い草原に樹木がまばらに生える植生

2 温帯地域の自然と生活

・年間を通して温和で，四季の変化が明瞭

〈地中海性気候(Cs)〉

(1)冬は温暖湿潤だが，夏は❼＿＿＿＿＿＿＿に覆われ乾燥

(2)乾燥に強いオリーブやコルクガシ，ブドウなどを栽培

〈西岸海洋性気候(Cfb)〉

(1)大陸西岸の緯度40〜60度付近に分布。ヨーロッパでは❽＿＿＿＿＿＿の北

大西洋海流と❾＿＿＿＿＿＿＿の影響を受け，年間を通して降水があり，

夏は涼しく，冬でも緯度のわりに温暖

(2)ブナ・ナラなど❿＿＿＿＿＿＿が生育し，⓫＿＿＿＿＿・大

麦・ジャガイモ・テンサイ・牧草などを栽培

〈温暖冬季少雨気候(Cw)〉

(1)夏に雨が多く，冬は乾燥する気候。インドから中国南部にかけては，夏

の⓬＿＿＿＿＿＿＿による雨が多く，低地では蒸し暑い

(2)米・⓭＿＿＿＿＿・綿花・サトウキビなどの栽培が盛ん

〈温暖湿潤気候(Cfa)〉

・大陸東岸に分布。夏は高温で蒸し暑いが，冬の寒さは厳しい。東アジア

では⓬の影響を受ける

メ モ

東南アジアではジャングルと呼ばれる，乾季に落葉する広葉樹の雨林が発達している。アマゾン川流域のセルバとくらべて下草が多く，歩きにくい。

ポイント

サバナ気候では，雨季には赤道低圧帯の影響を受け降水があり，乾季には亜熱帯高圧帯の影響を受け乾燥する。アフリカでは，草食動物たちが餌や水を求めて大移動する。

メ モ

茶は紅茶などの発酵茶，ウーロン茶などの半発酵茶，緑茶などの不発酵茶に大きく分けられる。ウーロン茶は日本では知名度が高いが，世界では一般的でなく，中国のユンナン(雲南)地方や台湾などで飲まれている。

ポイント

モンスーンは，特に南アジア〜東南アジア〜東アジアにかけてよく発達し，これらの地域はモンスーンアジアと呼ばれる。

(1)右の写真はホンコンで撮影されたものである。写真が撮影された季節を答えよう。
（　　　　　　　　　）

(2)日本の同時期と異なる点はどこだろうか。また，なぜ違いが見られるのか，ホンコンの気候の特徴に着目して説明しよう。

ステップ　アップ

●日本における，四季の移り変わりに応じた行事や，衣食住の工夫にはどのようなものがあるか調べてまとめよう。

ふりかえろう

(1)熱帯地域の気温と降水量の特徴を「年較差」「日較差」「乾季」の用語を使って説明しよう（教科書p.47）。

(2)中緯度に分布する温帯の大陸西岸と東岸では，気候にどのような違いが見られるのか，説明しよう（教科書p.48〜49）。

チェックポイント

①熱帯で見られる赤色の土壌……………………………………………(　　　　　　　　　)

②丈の長い草原に樹林がまばらに生える植生…………………………(　　　　　　　　　)

③熱帯地域で伝統的に行われている農業形態…………………………(　　　　　　　　　)

④西岸海洋性気候に影響を与える年中吹く風…………………………(　　　　　　　　　)

⑤実が食用や食用油として利用される地中海性気候を代表する樹木…(　　　　　　　　　)

15 ②人々の生活に彩りを与える気候⑶

1 冷帯(亜寒帯)地域の自然と生活

(1)降水量は少ないが，冷涼で蒸発量が少ないため湿潤。ユーラシア大陸北部には，針葉樹林帯の❶＿＿＿＿＿が広がる

⇒樹種の少ない❷＿＿＿＿＿を形成するため林業が盛ん

(2)酸性でやせた土壌の❸＿＿＿＿＿や，永久凍土が分布

〈冷帯(亜寒帯)湿潤気候(Df)〉

・年間を通して湿潤で，春小麦やライ麦，ジャガイモを栽培する混合農業や❹＿＿＿＿＿を行う

〈冷帯(亜寒帯)冬季少雨気候(Dw)〉

・気温の年較差がきわめて大きい❺＿＿＿＿＿の気候。大豆や春小麦などの畑作が見られる地域も

2 寒帯地域の自然と生活

(1)北極海沿岸や❻＿＿＿＿＿大陸などの極地方，ヒマラヤ・チベットなどの高山地域に分布

(2)高緯度地域では夏は昼が長く，太陽が沈まない❼＿＿＿＿＿となる

〈ツンドラ気候(ET)〉

(1)降水量は少ないが低温で蒸発量が少ないため排水が悪い

(2)夏に凍土がとけて湿地になり，❽＿＿＿＿＿類や地衣類が育つ

⇒❽を好むトナカイを❾＿＿＿＿＿する

〈氷雪気候(EF)〉

・一年中雪や氷河に覆われる。❻では各国が観測基地を建設

3 乾燥帯地域の自然と生活

・降水量よりも蒸発量の方が多い。世界の陸地のおよそ❿＿＿＿＿分の1

〈砂漠気候(BW)〉

(1)亜熱帯高圧帯の影響を受ける南北の⓫＿＿＿＿＿付近や大陸内部，寒流が沖合を流れる大陸西岸などに分布。気温の日較差が大きい

(2)降雨の時だけ水が流れる⓬＿＿＿＿＿(涸れ谷)が発達。水が得られる⓭＿＿＿＿＿に集落が形成。⓮＿＿＿＿＿(フォガラ)と呼ばれる地下水路で水を得る地域も

〈ステップ気候(BS)〉

(1)⓯＿＿＿＿＿は丈の短い草原。ウクライナ付近の⓰＿＿＿＿＿(黒土)など肥沃な土壌で大規模な小麦栽培や牧畜を行う

(2)草や水を求めて家畜とともに移動する❾も見られる

ポイント

冷帯(亜寒帯)気候は南半球には見られない。これには冷帯気候に相当する緯度帯に海洋が広がり，陸地が少なく，年較差が小さいことが影響している。

ポイント

寒帯地域では，直接地面に建物を建てると，暖房の熱などにより凍土がとけ，建物が傾いたり倒れたりするおそれがあるため，杭を永久凍土層まで打ち込んで高床式の住居にしているところもある。

ポイント

一日中太陽が昇らない現象を極夜という。

メモ

ウズベキスタンの首都であるタシケントはオアシス都市である。シルクロードの中継地として古くから発展し，『西遊記』で有名な玄奘(三蔵法師)も，インドへ向かう際に経由したといわれている。

チャレンジしよう

(1)乾燥地域では右の写真のような景観が見られる。写真を参考に，この地域ではどのように農業が営まれているのか説明しよう。

(2)なぜ(1)のような工夫が必要なのだろうか，その理由を考えよう。

ステップ アップ

●タイガが純林であることは，その周辺で盛んな林業にとってどのような利点があるだろうか。

ふりかえろう

●寒帯地域と乾燥帯地域は無樹林気候と呼ばれるが，樹林ができない理由を説明しよう。

√ チェックポイント

①冷帯(亜寒帯)で見られる針葉樹林帯……………………………………(   )

②主に冷帯(亜寒帯)地域で見られるやせた土壌………………………(   )

③高緯度地域において，夏に太陽が一日中沈まない現象……………(   )

④乾燥帯で見られる降雨の時だけ水が流れる川………………………(   )

⑤砂漠の中で貴重な水が得られる場所…………………………………(   )

16 ③「衣」から見る世界(1)

メモ

サリーはインドの女性が着用する縫い目のない一枚布である。右肩から掛けたり，頭からかぶったりしている場合は既婚者であることをあらわす。

メモ

ベトナムのアオザイは「ロングブラウス」という意味を持つが，もともとは中国の「チャイナドレス」の影響を受けたといわれている。フランス植民地支配のもと，欧米風のデザインが取り入れられた一方，伝統的なアオザイの美しさを伝えるため，2014年にアオザイ博物館がホーチミン市に開館した。

1 自然環境と衣服

(1)サリー…インドの❶＿＿＿＿＿＿＿＿な気候に合わせ，通気性や吸湿性のよい木綿や❷＿＿＿＿＿などを素材にした，ゆったりとした衣服

(2)イヌイットの防寒着…寒さが厳しい気候に対応するため，断熱性に優れた❸＿＿＿＿＿＿＿＿が素材

(3)ガンドゥーラ…乾燥が厳しい西アジアや北アフリカで着られる。強い日差しや❹＿＿＿＿＿＿を避けるため全身を布で覆った衣服

(4)サロン…湿度が高い熱帯地域である❺＿＿＿＿＿＿＿の男性が着用する，筒状に縫った布を帯で留める巻き❻＿＿＿＿

(5)ポンチョ…標高が高く，気温の❼＿＿＿＿＿が大きいアンデス地域で着られる，リャマやアルパカなどの毛織物を素材とした一枚布

2 社会環境と衣服

(1)サウジアラビア…❽＿＿＿＿＿＿＿を広く信仰。女性の外出時には❾＿＿＿＿や❿＿＿＿＿を見せないように，アバヤやヒジャブを着用

(2)中国…かつて黄色は⓫＿＿＿＿の色とされ，一般には着用できなかった。また，お祝いの時は，縁起がよいとされる赤色の衣服が好まれる

(3)スコットランド…祭りなど伝統的な行事の際に，⓬＿＿＿＿＿模様のキルトを民族衣装として着用

(4)⓭＿＿＿＿＿やTシャツ…世界中で普及し，世界各地で着用される衣服

3 自然素材と衣服

(1)伝統的な衣服…地域の自然環境に適した入手しやすい⓮＿＿＿＿を利用

(2)極北地方で遊牧を行うネネツの人々…⓯＿＿＿＿の毛皮を利用

(3)ヨーロッパ…古くから⓰＿＿＿を家畜として放牧。刈り取った⓱＿＿＿を背広やコートなどに加工

(4)チベットやモンゴル…寒冷で乾燥した山岳地域，⓲＿＿＿＿を飼育。1頭あたりの収穫量が少ないため，世界的に高値で取引

(5)⓳＿＿＿…乾燥に強く，熱帯から温帯の広い地域で栽培

(6)⓴＿＿＿…古くから衣服に使われ，エジプトのミイラにも利用

4 人工素材と衣服

(1)㉑＿＿＿＿…人造絹糸と呼ばれ絹のような光沢と肌触りを持つ

(2)㉒＿＿＿＿…石油を原料とし，すぐ乾き，しわになりにくい

メモ

カシミヤは毛が細く，密度が高いが軽くて暖かい。上品な光沢があり，肌触りも良く，その高価さもあいまって「繊維の宝石」とも呼ばれる。

(1)教科書p.54 **1** を見て，伝統的な衣服の素材に毛織物が用いられている地域の範囲を赤色で着色しよう。

絹・絹織物	毛織物
木綿	獣皮革
麻	その他

(2)(1)で描いた，伝統的に毛織物が衣服の素材に用いられてきた地域の特徴を説明しよう。

ステップ　アップ

●今，自分が着ている衣服の素材を書き出し，どのような特徴があるか調べてみよう。

ふりかえろう

(1)教科書p.52〜53の写真 **1** 〜 **10** の中から1つ選び，衣服の特徴を説明しよう。

(2)伝統的な衣服の素材と自然環境との関係を説明しよう（教科書p.54〜55）。

✓ チェックポイント

①インドの高温多湿な気候に合わせて着られている衣服……………（　　　　　　　）

②ベトナムの伝統的な女性の民族衣装…………………………………（　　　　　　　）

③19世紀後半から科学技術の進歩により利用が増えた素材……………（　　　　　　　）

④スコットランドで祭りなどの際に着用する民族衣装…………………（　　　　　　　）

⑤チベットやモンゴルなどの寒冷な山岳地域で飼育される動物………（　　　　　　　）

③「衣」から見る世界(2)

1 衣服にみる社会的役割

・衣服…特定の地域・民族・職業・階層への❶＿＿＿＿＿＿をあらわす役割

①ルーマニア…❷＿＿＿＿＿ごとに柄や刺繍が異なる衣装

②インド…民族衣装のドーティーやサリーは，着る人の❸＿＿＿＿＿などによって着方が異なる

③ケニア…牧畜民のサンブルは，❹＿＿＿＿＿のつけ方によって婚姻状況や年齢を表現

④日本…未婚女性が身にまとう袖の長い❺＿＿＿＿＿と，既婚女性が着る❻＿＿＿＿＿などの袖の短い着物

2 民族衣装の変化

・民族衣装…生活スタイルや価値観に密着し，社会環境に合わせて変化

①タータンチェック…❼＿＿＿＿＿の民族衣装の柄が，世界中のファッションに取り入れられる

②日本の着物…日常着としては衰退。冠婚葬祭や❽＿＿＿＿＿など特別なイベントでは身につける習慣が残る

③中国やタイ…観光資源として❾＿＿＿＿＿が民族衣装を着用

④ブータン…国家の文化的❿＿＿＿＿を確立させるため，1989年より公の場では民族衣装の着用を義務づけた

3 ファッションのグローバル化

(1)日本の学生服…⓫＿＿＿＿＿はヨーロッパの軍人の制服がモデル

セーラー服はセーラー(⓬＿＿＿＿＿)の制服がアレンジされたもの

(2)ジーンズ…19世紀半ばにアメリカのカリフォルニア州で作業着としてつくられ，若者のファッションとして世界中に広まる

(3)⓭＿＿＿＿＿…低価格で販売し，短期間にデザインを変更して流行を取り入れ，人件費が安い国の工場で大量生産

(4)ハイブランド…高価格で人気も高いが，⓮＿＿＿＿＿や価格維持のため，売れ残りの⓯＿＿＿＿＿の問題も

4 アパレル産業のグローバル化

(1)衣料品の製造…⓰＿＿＿＿＿で規格，デザイン。⓱＿＿＿＿＿の安い発展途上国で縫製　⇒完全な機械化が難しく，⓱の割合が高い

(2)縫製工場の立地…中国からベトナム，⓲＿＿＿＿＿へ

(3)⓳＿＿＿＿＿…原料や生産者，流通システムや地球環境などで持続可能な発展に配慮しているファッション

メモ

ルーマニアの女性の衣装で最も特徴的で美しいとされるものは，「ザディエ」と呼ばれる巻きスカートである。ザディエは現在も村々の家庭にある機織り機で，農作業の暇な時期に織り上げられている。

メモ

日本の着物の起源は，小袖であるとされる。小袖とは袖口が小さい着物のことで，庶民を中心に広まった。その起源は弥生時代までさかのぼる。

ポイント

ブータンの男性が着る民族衣装は「ゴ」と呼ばれ，チベットの影響を受けている。女性の民族衣装の「キラ」はインドのサリーと同様の一枚布と，ぴったりしたシャツを組み合わせている。

ポイント

バングラデシュの繊維工業は，経済成長によって繊維産業が不振になった韓国やホンコンからの投資をきっかけに，1970年代に発展しはじめた。

チャレンジしよう

(1)右のグラフを見て，1991年から2021年にかけて，繊維産業の国内従業者数と海外現地法人従業者数がどのように変化しているか，説明しよう。

[凡例] 国内従業者数／海外現地法人従業者数

(2)なぜ(1)のように変化したのだろうか，その理由を考え説明しよう。

ステップ アップ

●教科書p.56～57に掲載している事例のほかに，村や集落ごとに異なる民族衣装を着る例をインターネットなどで調べてみよう。

ふりかえろう

(1)衣服があらわす社会的役割について，具体例を示しながら説明しよう（教科書p.56～57）。

(2)なぜ日本国内の縫製産業の多くが海外に工場を移転させたのか，説明しよう（教科書p.58～59）。

✓ チェックポイント

①インドの代表的な民族衣装である腰布……………………………………（　　　　　　　）

②公の場での民族衣装の着用を義務づけた国……………………………（　　　　　　　）

③アメリカのゴールドラッシュ時に作業着としてつくられた衣服……（　　　　　　　）

④短期間にデザインを変更しながら低価格で販売される衣服…………（　　　　　　　）

⑤持続可能な発展に配慮しているファッション…………………………（　　　　　　　）

18 ④「食」から見る世界(1)

1 多様な食事

- ❶＿＿＿＿＿…米・小麦・トウモロコシ・イモ類などのエネルギー源となる食べ物
  - ①日本・中国・韓国…❶である❷＿＿＿におかず（副食）を組み合わせる
  - ②ヨーロッパ・北アメリカ…❸＿＿＿を中心に献立を構成
  - ③インド…❹＿＿＿＿＿を効かせて食材を煮込んだカレー

2 食の発展と多様性

- ❺＿＿＿＿＿…植物が野生の状態から作物化された場所
  - ⇒作物の生産地はそれぞれの栽培特性に応じて，気候により限定
  - ❻＿＿＿＿＿や農地開発をともないながら世界各地に伝播
  - ❼＿＿＿＿＿以降，新旧大陸間相互の移動が活発化

3 穀物を主食とする地域

- (1)❽＿＿＿＿＿…米・小麦・トウモロコシ
- (2)❾＿＿＿…広範囲で栽培され，世界人口の約3分の1の食をまかなう
  - ⇒水田で栽培される❿＿＿＿と畑地で栽培される⓫＿＿＿＿の2種類
  - 稲作地域…⓬＿＿＿＿＿な気候と肥沃な土壌が特徴。❻により，冷涼な地域や乾燥地でも高収量生産が可能に
- (3)小麦…⓭＿＿＿＿＿な気候の畑地で栽培
  - ⇒⓮＿＿＿＿・ライ麦・裸麦・エン麦などの種類。パンや麺類の材料，⓯＿＿＿＿やウイスキーなど酒の原料
- (4)⓰＿＿＿＿＿…原産地は中央アメリカで，畑地で栽培され，アジアからアフリカにも広がる
- (5)⓱＿＿＿＿＿…乾燥に強いアワ，ヒエ，キビ，モロコシなど。乾燥地や山地で栽培され，主食のほか⓲＿＿＿の原料にも
- ⓳＿＿＿＿＿は日本では麺などに加工され，ロシアでは粒のまま食べられる

4 イモ類を主食とする地域

- (1)⓴＿＿＿＿＿…アンデス高地原産。冷涼な気候に強くヨーロッパに伝播し，北アメリカでも栽培
- (2)㉑＿＿＿＿＿…オセアニアで主食として栽培
- (3)㉒＿＿＿＿＿…高温・乾燥に強く，東南アジアやアフリカ，南アメリカで栽培

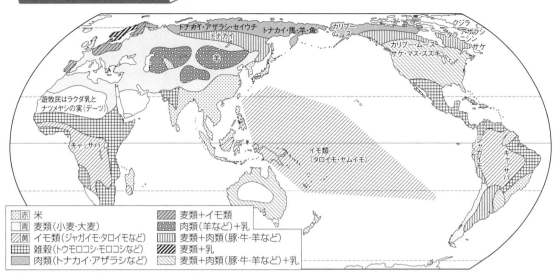

凡例：
- 赤 米
- 青 麦類(小麦·大麦)
- 黄 イモ類(ジャガイモ·タロイモなど)
- 雑穀(トウモロコシ·モロコシなど)
- 肉類(トナカイ·アザラシなど)
- 麦類+イモ類
- 肉類(羊など)+乳
- 麦類+肉類(豚·牛·羊など)
- 麦類+乳
- 麦類+肉類(豚·牛·羊など)+乳

(1)教科書 p.62 ■ を見て，米・小麦・トウモロコシ・ジャガイモの原産地をそれぞれ地図中に書き込もう。

(2)米・麦類・イモ類を主食とする地域を凡例にしたがって着色しよう。

(3)上の地図を参考に，肉類(トナカイ・アザラシなど)を主食としている地域の特徴を説明しよう。

ふりかえろう

(1)教科書p.60〜61の写真 ■ 〜 ⑩ の中から食べてみたいものを選び，どのような味がするか想像しよう。

(2)三大穀物の栽培地域と気候の特徴との関係を説明しよう(教科書p.62〜63)。

✓ チェックポイント

①米や麦，トウモロコシのようなエネルギー源となる食物…………(　　　　　　)

②植物が野生の状態から作物化された場所………………………(　　　　　　)

③世界人口の約3分の1の食をまかなっている穀物………………(　　　　　　)

④食用や家畜用飼料として利用される中央アメリカ原産の穀物………(　　　　　　)

⑤アワ・ヒエ・モロコシなどの穀類の総称………………………(　　　　　　)

19 ④「食」から見る世界(2)

1 主食の食べ方

(1)❶　　　　　…ヨーロッパではパンやパスタ，南アジアでは❷

やチャパティ，中国ではマントウや麺料理として食される

(2)❸　　　　　　　　　…中央・南アメリカではすりつぶして薄焼き

にしたトルティーヤ，アフリカでは練り粥に調理

(3)❹　　　…炊く，煮る，茹でるなどの調理。平たい大鍋で具と一緒に炊

く南ヨーロッパの❺　　　　　　や，麺や生春巻きの皮に加工

2 保存食の発達

(1)保存方法…食材を❻　　　　　させる，塩や酢で漬け込む，燻製にする，

発酵させるなどさまざまな方法

・ヨーロッパ…❼　　　　　　　　やハムなど，肉を塩漬け・燻製

・牧畜が盛んな地域…家畜の❽　　　　　をヨーグルトやチーズなどに加工

(2)保存食…越冬や，食べ物を携帯しての長距離移動などが可能に

⇒人間の居住域の拡大と食文化交流が促進

3 世界で親しまれる茶

(1)茶…❾　　　　　　南部原産。インド・ケニア・スリランカなど旧❿

　　　　　植民地の生産量が多い

(2)❿では茶を❾から大量に輸入　⇒多額の貿易赤字

⇒植民地の⓫　　　　　　でケシを栽培　⇒❾に密輸し貿易赤字を解消

⇒⓬　　　　　戦争が勃発

(3)茶・コーヒー・ココアの伝播と普及…⓭　　　　　の需要増大

⇒西インド諸島やアメリカ大陸ではサトウキビの⓮

　　　　　が拡大

⇒栽培や精製に多くの奴隷が必要　⇒ヨーロッパ・アフリカ大陸・南北

アメリカ大陸を結ぶ⓯　　　　　貿易　⇒❿近代化の基礎

4 新大陸起源の作物

(1)ジャガイモ…⓰　　　　　　　　が原産地。寒冷な土地や栄養

分に乏しい土地でも育つ

(2)コショウ…⓱　　　　　の低地でのみ栽培可能

(3)トウガラシ…⓲　　　　　　　原産，温帯でも栽培可能

⇒⓳　　　　　がヨーロッパに持ち帰り，大航海時代を経

てアジアやアフリカに伝播。食材・料理の保存が効き，世界各地にト

ウガラシ料理が定着

メモ

ナンプラーはタイを代表する食品であり，魚を塩で漬け込み発酵させてつくる。発酵することでうまみ成分のアミノ酸が魚から引き出される。

メモ

アヘンはケシの実の外皮から液汁を採取し乾燥させてつくる。含有するモルヒネは鎮痛・鎮静効果を持つ。その効能と中毒性については，古代ローマの『博物誌』(プリニウス)でも述べられている。

メモ

サトウキビはイネ科の植物。草丈2〜4m，直径3〜4cmの茎を刈り，しぼり汁を煮詰めて砂糖を精製する。ニューギニア島原産といわれ，ムスリム商人により世界に広まった。

メモ

アメリカ大陸とヨーロッパの動植物などの交流は，「コロンブスの交換」と呼ばれ，双方のその後の生活に大きな変化を与えた。

チャレンジしよう

(1)右の地図を参考に，茶の消費量が
　多い上位3か国・地域を答えよう。

　1位：＿＿＿＿＿＿＿＿＿＿＿＿

　2位：＿＿＿＿＿＿＿＿＿＿＿＿

　3位：＿＿＿＿＿＿＿＿＿＿＿＿

(2)教科書p.66 **1** を見て，茶の生産量
　上位10か国を赤色で着色し，国名
　を書き込もう。

インド
22.8%

中国
19.6

ロシア
CIS
7.0

日本
4.5
パキスタン
4.2
トルコ
4.0
3.8

イギリス
3.8

その他
31.1

アメリカ3.0

赤道

茶の消費量 (2005年)

ステップ　アップ

●日本の保存食を1つ取り上げ，その歴史についてインターネットなどで調べてみよう。

ふりかえろう

(1)米を原料にした食品を5個以上書き出そう(教科書p.64〜65)。

(2)茶，ジャガイモ，トウガラシから1つ選び，どのように広まっていったか，説明しよう(教科書
　p.66〜67)。

✓ チェックポイント

①「紅茶の国」として有名なヨーロッパの国‥‥‥‥‥‥‥‥‥‥‥‥‥‥（　　　　　　　）

②広大な農地に単一作物を栽培する旧植民地で見られる農園‥‥‥‥‥（　　　　　　　）

③ヨーロッパ・アフリカ大陸・アメリカ大陸を結んだ貿易‥‥‥‥‥‥‥（　　　　　　　）

④アメリカ大陸に到達し，さまざまな作物を伝えた探検家‥‥‥‥‥‥（　　　　　　　）

⑤中央・南アメリカ原産の食材や料理の保存に適した香辛料‥‥‥‥‥（　　　　　　　）

20 ④「食」から見る世界(3)

1 さまざまな条件と農業

(1)❶＿＿＿＿＿＿＿＿…ほぼ全量を自分たちで消費する農業

(2)❷＿＿＿＿＿＿＿＿…気温や降水量，地形などの自然条件による限界

(3)灌漑耕作…乾燥気候や❸＿＿＿＿＿＿気候の地域で行われる

2 農業の発展と地域性

(1)❹＿＿＿＿＿＿＿＿…都市への食料供給を目的とする農業

(2)❺＿＿＿＿＿＿の就航…アメリカ大陸やオーストラリア大陸からヨーロッパへ安価な穀物や食肉を輸出，❻＿＿＿＿＿＿農業や❻牧畜が発達

(3)❼＿＿＿＿＿＿…家畜飼育と作物栽培を組み合わせた農業

(4)❽＿＿＿＿＿＿…野菜などを都市へ出荷することを目的とした農業

⇒❾＿＿＿＿園芸・❿＿＿＿＿栽培・⓫＿＿＿＿＿＿栽培も行われる

(5)⓬＿＿＿＿＿＿農業…夏に乾燥する❸気候で，樹木作物の栽培と冬小麦や野菜の畑作を主とする農業

(6)⓭＿＿＿＿＿…アルプスなどで夏に高地の牧草を求めて移動する放牧

(7)⓮＿＿＿＿農業(移動耕作)…熱帯地域の伝統的農業

3 国境をこえる農産物

(1)⓯＿＿＿＿＿＿＿＿…農産物の生産から加工・流通・販売までを行う農業関連産業

(2)⓰＿＿＿＿＿＿…多国籍巨大穀物商社

(3)⓱＿＿＿＿＿＿…価格競争力の強い国が関税を撤廃する貿易

(4)⓲＿＿＿＿＿＿…価格競争力の弱い国が自国の産業を守るため，外国産品に高い関税をかける貿易

(5)⓳＿＿＿＿＿＿…食料輸送時の二酸化炭素の排出量を数値化

(6)⓴＿＿＿＿＿＿…食料の輸入量を水の量で示したもの

4 「食」をめぐる諸課題

(1)㉑＿＿＿＿＿＿＿＿…生産・加工・流通・販売の各段階で情報を記録・追跡できるサービス

(2)㉒＿＿＿＿＿＿制度…地域ブランドを知的財産として保護する制度

(3)㉓＿＿＿＿＿＿運動…地域の伝統的な農牧業や食文化を見直し，維持する運動

(4)㉔＿＿＿＿＿＿…その土地で採れた食材をその土地で消費すること

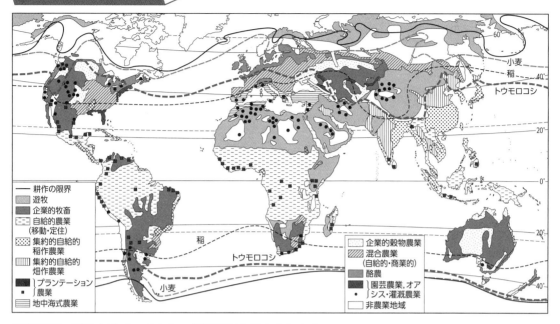

凡例:
- 耕作の限界
- 遊牧
- 企業的牧畜
- 自給的農業（移動・定住）
- 集約的自給的稲作農業
- 集約的自給的畑作農業
- プランテーション農業
- 地中海式農業
- 企業的穀物農業
- 混合農業（自給的・商業的）
- 酪農
- 園芸農業, オアシス・灌漑農業
- 非農業地域

(1)教科書p.68 ■ を見て，バナナの栽培限界を書き入れよう。

(2)バナナの栽培地はどのような気候だろうか。教科書p.46も参考に説明しよう。

ふりかえろう

(1)地域を1つ選び，その地域の農業の特徴を説明しよう（教科書p.68〜69）。

(2)伝統的な日本料理にも外国産の食材が多く使用されているのはなぜか，説明しよう（教科書p.70〜71）。

チェックポイント

①放牧地で育てた仔牛を数か月間穀物飼料で肥育する施設……………（　　　　　　　　　）

②商品作物を宗主国へ供給するための農業……………………………（　　　　　　　　　）

③農産物の生産から加工・流通・販売までを行う農業関連産業………（　　　　　　　　　）

④地域ブランドを知的財産として保護する制度………………………（　　　　　　　　　）

⑤地域の伝統的な農牧業や食文化を見直し，維持していく運動………（　　　　　　　　　）

クイズ　オランダで栽培が盛んな花卉は？　　①チューリップ　②バラ　③ユリ　　**43**

1 自然環境と「住」

(1)居住地…地形や❶＿＿＿＿＿＿などの自然条件にあわせて選択

(2)人口密度…湿潤で❷＿＿＿＿＿＿な地域で高く，寒さの厳しい地域や，❸＿＿＿＿＿＿が著しい地域は低い

(3)熱帯地域…木や草を用いた風通しのよい❹＿＿＿＿＿＿の住居

(4)寒冷で乾燥した高地…平らな屋根で壁は厚く開口部が少ない❺＿＿＿＿＿＿の住居が多い

2 社会環境と「住」

(1)都市の形成…交通が便利な❻＿＿＿＿＿に人が集まり，都市の中心部では，❼＿＿＿＿＿化した建物に居住

⇒貧しい人は衛生環境の悪い地区＝❽＿＿＿＿＿に集住

(2)人工改変による宅地開発…環境の破壊と❾＿＿＿＿＿＿のリスク

(3)現代の住居…自然条件に適した伝統的な住居に暮らす人々は減少

⇒空調の整った❿＿＿＿＿性の高い，画一化した住居が増加

(4)ヨーロッパの都市には，建築制限と歴史的な建造物や景観の保全により⓫＿＿＿＿＿＿に登録された都市も

3 水と「住」

(1)⓬＿＿＿＿＿…人が住む住居が集まった場所のこと

(2)⓬の立地は人が生きていくために必要な水とのかかわりが深い

・⓭＿＿＿＿＿…砂漠地帯の中できれいな水が得られる場所

・⓮＿＿＿＿＿…山地の谷口を頂点として扇状に堆積した地形

　⇒⓯＿＿＿＿＿…⓮の末端で，伏流水が一年中安定して得られる

・⓰＿＿＿＿＿…河川の中・下流域に流路に沿って発達する階段状の地形。深い井戸や川の上流からの用水路によって水を得る

・⓱＿＿＿＿＿…低地や谷沿いで，氾濫した河川によりできた土地

　⇒⓲＿＿＿＿＿…河川や旧河道沿いの周囲より小高い地形

4 生業と「住」

(1)⓳＿＿＿＿＿…生活を営むための職業。居住地と密接に関係

(2)⓴＿＿＿＿＿…内陸部の草原で暮らす牧畜を⓳とする人々。移動に便利なテントの家屋に住み，羊や馬とともに住む場所を移動する

(3)㉑＿＿＿＿＿…雪を落とすための急傾斜の屋根と広い室内を持ち，⓫に登録されている日本の伝統的住居。年間を通して屋根裏の部屋で働くことができる

ポイント

熱帯地域では伝統的な高床式の住居が見られる。木や竹などを材料としてつくられ，風通しをよくするためだけではなく，害獣や害虫の侵入を防ぐ効果もある。

メ　モ

ブラジルではスラムを「ファベーラ」と呼ぶ。大都市および中規模都市の郊外には，不法居住者の建てた小屋が並ぶ。

ポイント

砂漠地域では降水量が極端に少ないため，ほとんど植生が見られないが，貴重な水が得られるオアシスでは，ナツメヤシなどが栽培されている。

メ　モ

乾燥地域であるモンゴルでは，ゲルと呼ばれる移動式住居に住む。ゲルは，木の骨組みに羊毛のフェルトを張ることで，組み立ても解体も2時間たらずでできる。

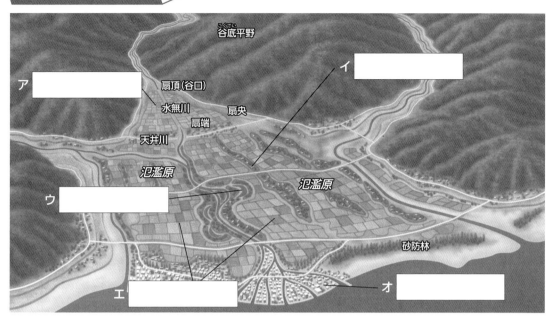

谷底平野

イ

ア

扇頂(谷口)
水無川
扇端　　扇央
天井川
氾濫原
氾濫原
ウ
砂防林
エ　　　　　　　　　　　オ

(1)空欄ア～オに当てはまる地形の名前を書き込もう。

(2)氾濫原では，集落はどのような場所に分布する傾向にあるか，理由とともに説明しよう。

ふりかえろう

(1)世界の人々はどのような場所に居住しているか，説明しよう(教科書p.72～73)。

(2)人々が暮らしやすい住み方について，「水」「食料」「生業」の言葉を使って説明しよう(教科書p.74～75)。

✓ チェックポイント

①人々が住む住居が集まった場所‥‥‥‥‥‥‥‥‥‥‥‥‥‥‥‥‥‥(　　　　　　　)

②山地の谷口を頂点として扇状に堆積した地形‥‥‥‥‥‥‥‥‥‥‥‥(　　　　　　　)

③自然堤防の背後に広がる低平な湿地‥‥‥‥‥‥‥‥‥‥‥‥‥‥‥‥(　　　　　　　)

④生活を営むための職業のこと‥‥‥‥‥‥‥‥‥‥‥‥‥‥‥‥‥‥‥(　　　　　　　)

⑤ヨーロッパの山岳地域で，季節に応じて場所を変える家畜の放牧‥‥(　　　　　　　)

⑤「住」から見る世界⑵

メ　モ

アンデスの山中，標高3,812mにあるチチカカ湖では，トトラ（アシ）を水面上に積み重ねて浮島をつくり，その上で生活をしている。近年では太陽光発電が導入され，島でも電灯などが使われるようになっている。

1　自然環境と住居の構造

(1)熱帯地域…❶＿＿＿＿＿＿＿の住居。床下の風通しをよくして湿気を防ぎ，❷＿＿＿＿＿＿＿などの侵入を防ぐ効果がある

(2)寒冷地域…❶の住居。住居と地面を離すことで，暖房の熱で地下の❸＿＿＿＿＿＿＿がとけ，住居が不等沈下して傾くことを防ぐ

(3)標高の高い地域…気温の❹＿＿＿＿＿＿が大きい。熱しにくく冷めにくい❺＿＿＿＿＿に囲まれた住居は気温の変化が小さく過ごしやすい

(4)日本の伝統的住居…湿度調整に適した❻＿＿＿＿と❼＿＿＿＿

2　伝統的な住居の素材

(1)熱帯地域…木や竹，葉や草など植物素材を使用した住居が広く分布。高温多湿な環境のもと，❽＿＿＿＿＿＿性が求められる住居に適する

(2)乾燥帯地域…植生に乏しいため土や❾＿＿＿＿＿＿，家畜の糞などを利用。窓を❿＿＿＿＿＿して熱風や砂塵が入るのを防ぐ

(3)地中海沿岸地域…強い日差しへの対策として，⓫＿＿＿＿＿＿を使用した白い壁と小さな窓を持つ住居が多い

(4)北ヨーロッパからロシア…木造の住居が多く，日光を多く取り込むために窓は大きく，⓬＿＿＿＿＿＿＿にして断熱性を高める

ポイント

永久凍土が分布する地域に街をつくると，家屋の暖房などで熱が直接凍土に伝わり，それがとけて家屋が沈んだり，傾いたりする被害が生じる。レナ川左岸に位置する河港都市ヤクーツクの市街地には，ゆがんだ家の街並みが見られる。

3　社会の変化と住居

(1)集落の形成…自然条件や，⓭＿＿＿＿＿＿＿などを考慮

(2)産業構造の高度化…⓮＿＿＿＿＿に人口が集中し，地盤が弱い低湿地などにも住居が広がる

(3)人口増加で都市中心部の地価が上昇し，郊外に集合住宅が建設
東京・名古屋・大阪の⓯＿＿＿＿＿＿＿の郊外には，大規模な⓰＿＿＿＿＿＿⇒学齢期の子どもを持つ⓱＿＿＿＿＿が入居

(4)⓲＿＿＿＿＿…工場跡地などの開発で人口や施設が都心に戻る

4　歴史的景観と住居

(1)利便性の高い都市…地価高騰，建物高層化

(2)ニューヨークのマンハッタン島…岩盤が強固で大きな⓳＿＿＿＿＿がないため，高層ビルが林立

(3)ヨーロッパ…歴史的な建造物が多く，⓴＿＿＿＿＿＿に取り組む。パリやロンドンでは，建築物の高さなどを規制

(4)日本…1975年に㉑＿＿＿＿＿＿地区の制度が導入
⇒文化財は観光資源である一方，空き家の増加も

ポイント

パリ中心部では景観保全や伝統的な建造物の保護のため，建物の高さなどに規制がある。そのため，規制のない西部のラ・デファンス地区に大型施設や高層ビルが集積している。

(1)教科書p.76**1**を見て，
　伝統的な住居の素材と
　して，土(日干しレン
　ガを含む)が使われて
　いる地域を赤色で着色
　しよう。

凡例:
- 石材
- レンガ
- 赤色 土 (日干しレンガを含む)
- 芝・芝土
- テント
- 木材
- 石・土・木の混在
- 木の支柱・竹・葉・木の皮
- 灌木・草屋根

(2)(1)で着色した，土(日干しレンガを含む)が使われている地域の気候の特徴を説明しよう。

ステップ　アップ

●伝統的建造物群保存地区に指定されている地域を調べて1つ書き出し，その地域ではどのような保
　存・活用が行われているか調べよう。

ふりかえろう

(1)家のつくりや素材は，地域によってどのような違いが見られるのか。その理由と工夫を説明しよう
　（教科書p.76〜77）。

(2)都市部と郊外という言葉を使って，タワーマンションとニュータウンの立地の違いを説明しよう
　（教科書p.78〜79）。

✓ チェックポイント

①モンゴルの遊牧民が暮らす移動式のテント……………………………(　　　　　　　　　)

②都市郊外の丘陵地を切り開いてつくられた大規模な市街地…………(　　　　　　　　　)

③夫婦のみ・夫婦と子ども・父親または母親と子どもの世帯…………(　　　　　　　　　)

④都心の工場や倉庫の跡地が再開発され人口や施設が戻る現象………(　　　　　　　　　)

⑤伝統的な集落や街並みを保存するために市町村が定める地区………(　　　　　　　　　)

⑥暮らしを豊かにする産業(1)

1 産業の発展

(1)18世紀後半の❶＿＿＿＿＿＿＿…機械の発明と分業生産システム

⇒生産効率の向上と大量生産・❷＿＿＿＿＿＿・大量廃棄の生活様式

(2)❸＿＿＿＿＿機械工業…❶で誕生

・蒸気機関を動力源とした❹＿＿＿＿＿からはじまる

・❺＿＿＿＿＿工業地域の形成…ヨーロッパ・アメリカ・日本など

・❻＿＿＿＿＿革命…1960年代の石炭から石油への動力源の転換

2 生活の変化

(1)農村から都市へ，発展途上国から先進国への人口移動

(2)第2次産業人口の増加

…❼＿＿＿＿＿が技術革新(イノベーション)を促進

(3)第3次産業の成長(＝❽＿＿＿＿＿の高度化)

ハイテク・情報産業が発展しインターネットを通じ「モノ」がつながる

⇒❾＿＿＿＿＿の到来も予想

(4)ライフスタイルの転換

…大量生産・❷の社会から❿＿＿＿＿＿＿へ

3 自動車による生活の変化

(1)⓫＿＿＿＿＿(車社会化)…車に依存した生活様式

⇒移動手段が公共交通機関(鉄道・バスなど)から自動車へ

(2)⓬＿＿＿＿＿…多くの雇用を生み地域経済に重要な存在

4 自動車の生産

(1)⓬…総合組立工業で工場間・企業間での⓭＿＿＿＿＿が進む

・多くの関連工場や下請け工場　⇒⓮＿＿＿＿＿の立地傾向

(2)日本の⓬…1970年頃から主要な⓯＿＿＿＿＿産業に成長

・輸出をめぐる⓰＿＿＿＿＿や為替の影響への対応

・欧米など現地での生産の割合を向上

・⓱＿＿＿＿＿体制の進展…部品生産を各国・地域で分担

・新興国の成長により，⓲＿＿＿＿＿が世界最大の自動車生産国に

(3)環境意識の高まりへの対応…各国で排ガス規制など強化

⇒⓳＿＿＿＿＿への注目…二酸化炭素などを排出しない

・利点：蓄電池として利用…災害発生時にも役立つ

・課題：部品点数が少ない…関連産業の縮小で⓴＿＿＿＿＿の減少が懸念

充電施設の整備，充電池の生産に必要なレアメタルの安定供給

ポイント

工業化社会の特徴が南南問題や，さまざまな社会問題(人口増加や都市部への人口集中など)と関連していることに注目しよう。

ポイント

家電は家事負担の軽減，自動車は人々の行動範囲の拡大，農業機械は農作業の省労働力化をもたらし，人口移動を促した。

メモ

ハイテク・情報産業とはICT(情報通信技術)，バイオテクノロジー，高機能素材開発，AI(人工知能)などの総称である。

ポイント

モータリゼーションは人々の生活様式や都市景観にも影響を与えた。

メモ

電気自動車用の電力の発電には化石燃料も使用されるため，二酸化炭素排出量が増加するなど矛盾する課題もある。

(1)教科書p.83 **6** を見て，乗用車保有率と1人あたりGDP(国内総生産)が，ともに日本よりも高い9か国を赤色で着色しよう。

(2)これらの国々の特徴を，教科書p.80 **1** を参考に考えよう。

ふりかえろう

(1)エネルギー革命とは何か，説明しよう(教科書p.80〜81)。

(2)自動車産業の特徴について，「分業化」と「貿易摩擦」の用語を使って説明しよう(教科書p.82〜83)。

√ チェックポイント

①発展途上国の中でも工業化が進んだ国……………………………………(　　　　　　　　　)

②後発発展途上国と①のような国との格差が見られる国際的な課題‥‥(　　　　　　　　　)

③欧米から世界中に広がった，自動車が大衆化する現象………………(　　　　　　　　　)

④自動車の部品などの生産をさまざまな国や地域で分担する生産体制(　　　　　　　　　)

⑤蓄電池としても利用できる二酸化炭素などを排出しない自動車……(　　　　　　　　　)

24 ⑥暮らしを豊かにする産業⑵

1 情報通信機器とソフトウェアの研究開発

(1)ICT産業の拠点

・先進国が集積回路(IC)やコンピュータなど開発・製造

❶＿＿＿＿＿＿＿＿＿＿＿＿＿(アメリカ・カリフォルニア州)が中心

・アジアNIEsやASEANなど賃金の安い新興国に生産拠点が移転

…❷＿＿＿＿＿が特に顕著(ソフトウェア開発・情報処理サービス)

(2)情報関連企業の特色…❸＿＿＿＿＿＿＿＿＿＿＿(多様性)の考え方

⇒多様な民族・国籍・言語の人材を活用，柔軟で斬新なアイデア・商品

2 情報通信機器の普及と生活の変化

(1)1990年代後半以降に❹＿＿＿＿＿＿＿＿＿が普及

・自宅での情報収集や情報交換が容易に

(2)2010年代以降に❺＿＿＿＿＿＿＿＿＿が普及

・通話・メール機能だけでなく，❹を介した受発注など利用用途が拡大

・❻＿＿＿＿＿＿(電子商取引)の発展…低コストで売買が容易

(3)❼＿＿＿＿＿＿によるキャッシュレス決済

(4)高度情報社会…データの悪用や監視社会の到来など課題も

3 地元から世界へ

(1)地場産業の中には世界に市場を拡大するケースも

(2)日本の地場産業の特色

・❽＿＿＿＿型地場産業…織物など❾＿＿＿＿＿＿を基盤に成立

・❿＿＿＿＿型地場産業…大都市の⓫＿＿＿＿＿を前提に成立

⇒グローバル化による輸入品との競争の激化や担い手不足で衰退も

・地域の特色を活かしたグローバル化への対応が課題

例：新潟県燕市の⓬＿＿＿＿＿…農家の副業の和釘製造から発達

⇒⓭＿＿＿＿の技術はICT産業の部品製造に不可欠。世界市場へ

4 生き残りをかけた付加価値とブランド化

(1)フランスの⓮＿＿＿＿地方の在来豚(⓮豚)の飼育

…商品デザインの刷新，パリのブティックやインターネットでの販売

(2)愛媛県⓯＿＿＿＿市のタオル産業

…デザインや機能性に付加価値，ロゴマークによる地域ブランド化戦略

(3)・製品の⓰＿＿＿＿や，企業間のネットワークを構築している例も

・地元の⓱＿＿＿＿を活かす発想や工夫

⇒⓲＿＿＿＿・技術の集積や独自性を活かした発展への期待

(1)教科書p.86❶を見て，伝統工芸品数が5件
　以上の都道府県を赤色で着色しよう。

(2)これらの都道府県の地場産業のうち，教科
　書の事例，またはあなたの知っている事例
　から1つ取り上げ，「情報産業」を活用した
　生き残り戦略を提案してみよう。

0　　200km

地場産業の事例	情報産業を活用した生き残り戦略の提案

ふりかえろう

(1)ICTの発達によって私たちの生活がどう変化してきたのか，説明しよう(教科書p.84～85)。

(2)あなたの学校のある都道府県の地場産業について説明しよう(教科書p.86～87)。

✓ チェックポイント

①アメリカ・カリフォルニア州にあるICT産業の中心地…………………(　　　　　　　)

②民族・国籍・言語・性別・年齢・学歴などの多様性を認める考え方(　　　　　　　)

③現金ではなく，電子マネーでの取引による決済………………………(　　　　　　　)

④織物や陶磁器など地元の原材料を基盤に成立した地域特有の産業…(　　　　　　　)

⑤ヴェネツィアなど伝統工芸が発達しているイタリアの都市・地域…(　　　　　　　)

⑦宗教と人々の暮らし⑴

1　暮らしにとけ込む宗教

(1)宗教の教え（❶　　　　　　　　）が人々の生活ルールを示す

　⇒学問や芸術，教育を通じて人々の❷　　　　　　　　や世界観にも影響

(2)人々と宗教…日本でも七五三や初詣，葬式など多様な場面でかかわり

　・❸　　　　　　　　やバレンタインデーなど商業イベント化した行事も

　・ライフスタイルの多様化によって，宗教行事への参加や信仰心のあらわし方も多様に

2　世界宗教と民族宗教

(1)❹　　　　　　　　…特定の民族に信徒が集中

　・❺　　　　　　　　…自然崇拝や精霊信仰など

　・儒教や道教，日本の神道，インドを中心とした❻　　　　　　　　，

　　ユダヤ人が信仰する❼　　　　　　　　など

(2)❽　　　　　　　　…民族の枠をこえて広い地域で信仰される

　　⇒キリスト教・イスラーム・仏教

(3)異教徒に対する差別や偏見…❾　　　　　　　の要因になることも

　・ほとんどの宗教は善行をすすめ，謙虚・寛容を重視しており，政治的・経済的な利害の対立が背景にあることが多い

　　⇒異なる宗教の理解は❿　　　　　　　　に欠かせない

3　世界宗教の広まり

(1)⓫　　　　　　　　…❼から分かれた一神教で，地中海世界へ広まる

　　⇒15世紀以降，ヨーロッパ諸国の植民地拡大とともに世界各地へ伝播

(2)⓬　　　　　　　　… 7 世紀はじめにアラビア半島で成立した一神教

　　⇒アラブ人やトルコ人の領土拡大や商業活動により世界各地へ伝播

(3)⓭　　　　　　　　…紀元前 6 世紀にインドで成立

　　⇒領土拡大をともなわずに伝播　　⇒現在は東アジアや東南アジアが中心

4　宗派の違い

(1)⓫の分布　⓮　　　　　　　…南西ヨーロッパに多い

　　　　　　　⓯　　　　　　　…東ヨーロッパに多い

　　　　　　　⓰　　　　　　　…北西ヨーロッパに多い

(2)⓬の分布　⓱　　　　　　　…イランを中心にイラク南部でも信仰

　　　　　　　⓲　　　　　　　…⓱が信仰される地域以外で信仰

(3)⓭の分布　⓳　　　　　　　…チベット・モンゴル・日本などに伝播

　　　　　　　⓴　　　　　　　…スリランカから東南アジアに伝播

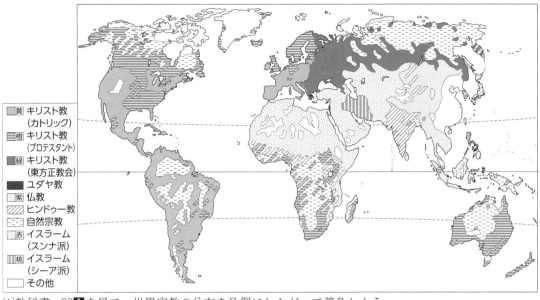

凡例
- 黄 キリスト教（カトリック）
- 橙 キリスト教（プロテスタント）
- 緑 キリスト教（東方正教会）
- ユダヤ教
- 紫 仏教
- ヒンドゥー教
- 自然宗教
- 赤 イスラーム（スンナ派）
- 桃 イスラーム（シーア派）
- その他

(1)教科書p.90 **1** を見て，世界宗教の分布を凡例にしたがって着色しよう。

(2)キリスト教・イスラーム・仏教・ヒンドゥー教は，それぞれどの地域で信仰されているだろうか。

ふりかえろう

(1)世界宗教と民族宗教の違いについて説明しよう（教科書p.88～89）。

(2)宗教が広い範囲に広がっていく背景には何があるのか説明しよう（教科書p.90～91）。

✓ チェックポイント

①ヒンドゥー教のように特定の民族に信徒が集中する宗教…………（　　　　　　　）

②キリスト教のように民族の枠をこえて広い地域で信仰される宗教‥(　　　　　　　)

③有史以前から信仰され，それぞれの土地に根づいてきた宗教………（　　　　　　　）

④キリスト教の宗派のうち，最も信者の多い宗派…………………（　　　　　　　）

⑤イスラームの宗派のうち，最も信者の多い宗派…………………（　　　　　　　）

26 ⑦宗教と人々の暮らし⑵

メモ

暦は太陽の見た目の動きをもとにした太陽暦と、月の満ち欠けによる太陰暦に大別される。イスラーム暦が太陰暦に基づくのは、ラクダなどを引き連れた隊商が涼しい夜間に移動したことに起因するという説がある。

ポイント

宗教を知ることは、異なる思考や行動を理解しようという意識や態度につながる。

メモ

ハラールとはイスラーム法で合法なものを指し、違法なものはハラームと呼ばれる。ハラール認証の対象には、食品や化粧品、医薬品などがある。

ポイント

宗教上の戒律やタブーは人々の生活や思考を制限するものではなく、地域の歴史的・社会的な特性や実態を背景としており、よりよい生活や社会づくりを志向している。

1 宗教と暦

(1)キリスト教

・日曜日は❶＿＿＿＿＿で教会へ礼拝，店も休業　⇒現在は変化も

・祝祭日…イエスの生誕を祝うクリスマス(聖誕祭)や，処刑後に生き返ったという伝承に由来する❷＿＿＿＿＿(復活祭)など

(2)イスラーム暦…1か月は30日と29日が交互で，1年は354日が基本

・❸＿＿＿＿＿はモスクでの集団礼拝のため休日(国によって異なる)

・9月は断食月(❹＿＿＿＿＿)で，日没後に飲食

(3)日本は1872年から新暦を採用し，1年は365日が基本

・仏教行事の❺＿＿＿＿＿は先祖を迎える重要な行事(新暦8月)

2 宗教と祈り

(1)キリスト教…特に❻＿＿＿＿＿では食事前に着席して神に祈り

(2)イスラーム…1日5回，聖地❼＿＿＿＿＿の方角に向かい礼拝

(3)❽＿＿＿＿＿…毎朝修行僧が街を歩き，人々は食べ物を寄付する

(4)ヒンドゥー教…「聖なる川」とされる❾＿＿＿＿＿で沐浴

3 宗教と食

(1)キリスト教ではパンとワインが❿＿＿＿＿の体と血として飲食

・キリスト受難の日である金曜日などに肉や酒などを摂取しない習慣も

(2)イスラーム…⓫＿＿＿＿＿や鱗のない魚，酒などの飲食が禁じられる

・イスラームの教えに則ったものを⓬＿＿＿＿＿として飲食

(3)仏教…殺生を禁じ，肉食をしない風習

・日本の⓭＿＿＿＿＿…植物性材料を肉に見立てた料理

(4)ヒンドゥー教…不殺生の教えを守り，菜食主義者も多い

・神聖視される⓮＿＿＿＿＿や，不浄とされる⓫の肉食を禁じる

・左手は不浄とされ，食事では右手のみを使用

4 日常における伝統と変化

(1)キリスト教…⓯＿＿＿＿＿やオセアニアの⓰＿＿＿＿＿に広まる

・狩猟・採集で得た野生動植物など伝統的食物の禁止　⇒生活が変容

(2)イスラーム…⓱＿＿＿＿＿の女性は髪や肌を露出せず身を覆う

・女性の社会進出によって，近年は従来の習慣の見直しも

・⓲＿＿＿＿＿では保守化した政治の影響で飲酒など規制

(3)仏教(❽)…僧侶の袈裟の色(⓳＿＿＿色)を日常的に着用しない

(4)戒律やタブーには，よりよく生き，よりよい社会を求める発想がある

チャレンジしよう

(1)教科書p.92～95の写真 **1** ～**14**から，あなたが興味深いと感じた写真を2枚選ぼう。

(2)その2枚の写真が示す宗教を書き込み，どのような点が興味深かったか説明しよう。

(3)2枚の写真を比較して，共通点と相違点について説明しよう。

(1)	写真の番号 　　　　解説文 (　　　) 　(　　　　　　　　　　　)		写真の番号 　　　　解説文 (　　　) 　(　　　　　　　　　　　)	
(2)	宗教 (　　　　　　　　　　　　　　　) 興味深いと感じた点 (　　　　　　　　　　　　　　　　)		宗教 (　　　　　　　　　　　　　　　) 興味深いと感じた点 (　　　　　　　　　　　　　　　　)	
(3)	共通点(似ていると感じたところ) (　　　　　　　　　　　　　　　　　　　　　　　　　　　　　　) 相違点(違っていると感じたところ) (　　　　　　　　　　　　　　　　　　　　　　　　　　　　　　)			

ステップ アップ

●異なる宗教の人々が互いに平和に共存し続けていくために，あなたができることを考えよう。

ふりかえろう

(1)ムスリムのつとめとされる五行とは何か，説明しよう(教科書p.92～93)。

(2)宗教と食べ物の関係を例をあげて説明しよう(教科書p.94～95)。

✓チェックポイント

①イエスの生誕を祝うキリスト教の祝祭日‥‥‥‥‥‥‥‥‥‥‥‥‥‥(　　　　　　　　)

②金曜日などに集団礼拝が行なわれるイスラームの宗教施設‥‥‥‥‥(　　　　　　　　)

③ヒンドゥー教徒が沐浴を行なう「聖なる川」‥‥‥‥‥‥‥‥‥‥‥‥(　　　　　　　　)

④がんもどき(雁擬き)など，植物性の材料を肉に見立てた日本の料理(　　　　　　　　)

⑤イスラームの教えに則って食用を許可された食べ物‥‥‥‥‥‥‥‥‥(　　　　　　　　)

⑧暮らしを楽しむための文化

27

1　祭り

(1)祭りは地域の文化や暮らしを知るための手がかりになる

・世界宗教にかかわる祭りは，さまざまな地域で行われる

⇒仏教の❶＿＿＿＿＿＿＿＿やイスラームの断食明け（だんじき）の祭りなど

・季節の変わり目や収穫を祝う祭り

⇒❷＿＿＿＿＿＿＿＿…ロシアなどで春の訪れを祝う

❸＿＿＿＿＿＿＿＿…ケルト人の文化。収穫を祝い悪霊（あくりょう）を払う

(2)祭りの変化…宗教間・地域間の交流により変化。地域活性化や観光振興にも。イギリス西部の❹＿＿＿＿＿＿転がし祭りは観光客も参加

・UNESCOの❺＿＿＿＿＿＿＿＿＿＿＿＿に登録　⇒見物客の増加

例：日本の33の祭りを総合した「山・鉾（ほこ）・屋台行事」

2　スポーツ

(1)地域に広がるスポーツ…特定の❻＿＿＿＿＿＿と結びついたスポーツ

例：❼＿＿＿＿＿＿民族のポロ，❽＿＿＿＿＿＿の相撲（すもう）・弓射（きゅうしゃ）・競馬（けいば）

(2)❾＿＿＿＿＿＿発祥のサッカーやラグビーは旧植民地など世界各地へ

⇒障がいのある人たちが行う❿＿＿＿＿＿スポーツも環境整備が進む

(3)商業化されるスポーツ競技…４年に１度の⓫＿＿＿＿＿＿＿＿＿＿＿大会は放映権料により商業的な価値が高まる

3　音楽

(1)さまざまな音楽とその広がり…社会の特徴や信仰・集団意識とも関連

・⓬＿＿＿＿＿＿音楽…1950年代にアメリカで誕生

⇒ヨーロッパ系のカントリー音楽やアフリカ系のブルースが起源

(2)社会を動かす音楽…1960年代アメリカで⓭＿＿＿＿＿＿＿＿＿＿が復興

⇒⓮＿＿＿＿＿＿＿＿への反戦運動や，プロテストソングに

(3)グローバル化と音楽…現代ではインターネット配信や海外公演も

4　観光

(1)観光行動の地域差…ヨーロッパでは長期間の⓯＿＿＿＿＿＿＿＿が一般的

・日本では1980年代にテーマパークや⓰＿＿＿＿＿＿の開発が進む

(2)観光の多様化

・⓱＿＿＿＿＿＿…農・漁業体験や地域住民との交流

・⓲＿＿＿＿＿＿…地域の持続可能性や環境保全を学ぶ

・⓳＿＿＿＿＿＿(都市観光)…都市の多様な魅力を体験

・⓴＿＿＿＿＿＿…戦争や災害など悲しみの記憶を継承

(1)あなたの学校周辺の地域の文化の特色について，項目ごとに簡潔にまとめよう。

祭り	スポーツ(イベントなど)	音楽(地域の民謡など)	観光(観光地・施設など)

(2)これらの地域の資源を活用して，持続可能な地域社会づくりに向けたアイデアを考えてみよう。

〔例：神社で行われる祭りの運営に中高生が参加し，子ども相撲や民謡大会をボランティアで行う。〕

ふりかえろう

(1)祭りの起源にはどのようなものがあるのか，説明しよう(教科書p.98〜99)。

(2)オリンピックを開催することのメリット・デメリットを説明しよう(教科書p.100〜101)。

(3)ロック音楽はどのように成立したのか説明しよう(教科書p.102〜103)。

(4)ヨーロッパのバカンスと日本の観光の違いについて説明しよう(教科書p.104〜105)。

✓ チェックポイント

①日本の「山・鉾・屋台行事」などユネスコが指定した文化遺産………(　　　　　　)

②東西冷戦中，日本が参加をボイコットしたオリンピック大会………(　　　　　　)

③1960年代にベトナム戦争への反戦運動として復興した音楽…………(　　　　　　)

④1950年代の欧米で観光の大衆化に影響を及ぼした現象……………(　　　　　　)

⑤観光客の急増による深刻な交通渋滞やゴミのポイ捨てなどの被害…(　　　　　　)

28

⑨多様性に富んだ世界の人々との共生
ワーク⑦　海外の高校生に自分の地域を知ってもらおう

ボックス[1] 多文化共生を考える

(1)世界の多様な生活・文化

- ・さまざまな人々の暮らしや❶＿＿＿＿＿＿＿＿＿＿，規範などが存在し，
  ❷＿＿＿＿＿＿＿＿＿＿や歴史的背景，産業の営みなど密接に関連

- ・多様な視点から共通点や相違点に着目。❸＿＿＿＿＿＿＿を前提に理解

(2)自分たちの文化の❹＿＿＿＿＿＿＿やよさを改めて認識することも

(3)多様な生活や文化を経験，自分の考えを論理的に説明する力が必要

ボックス[2] 身近な生活の中で多文化共生を考える

(1)❺＿＿＿＿＿や❻＿＿＿＿＿の流入…言語・宗教・生活習慣などの違い

- ・受け入れ国側で文化的な摩擦・衝突が起きることも

- ・ヨーロッパでは❼＿＿＿＿＿など西アジアやアフリカからの❻が急増
  ⇒❺の排斥を訴える勢力が台頭するケースも

(2)日本に住む外国人の増加

- ・❶や文化の違い…ゴミ問題や騒音など生活トラブルも

(3)❽＿＿＿＿＿＿＿＿＿へのさまざまな取り組み

- ・多言語のガイドブックや，複数の言語で書かれた看板

- ・ムスリムに配慮した❾＿＿＿＿＿＿＿の表示

- ・大学生や大学院生が留学生をサポートするチューター制度

- ・地域の❿＿＿＿＿＿＿や就学前支援教室など人的交流も

(4)グローバル化とともに文化の均質化が進む現代世界では，文化の❸を認
識し，互いの文化を理解し尊重することが重要

ポイント
世界各地の多様な気候や衣食住などの生活様式，産業・宗教など，自分たちとは異なる多様な文化や思想の存在を理解する意識が重要である。

ポイント
生活や文化の特色が異なる多様な人々が安心して共存できる取り組みを工夫し協力し合うことで，よりよい人的交流や地域社会が形成される。

ステップ　アップ

●多文化共生への取り組みとして，あなたの住む町で見られる具体例をあげてみよう。

ふりかえろう

●世界の人々と共生していくために必要なことは何か，説明しよう(教科書p.106〜107)。

ワーク⑦　海外の高校生に自分の地域を知ってもらおう

❶教科書p.108の資料を活用し，シンガポールについての理解を深めよう。

シンガポールについて，自分が注目したポイントをあげてみよう。

❷個人で考えた旅行プランを完成させよう。

1日目午前	空港から高校のある（　　　　　　　）都道府県に到着。			
1日目昼食	食べてほしい日本食		その日本食を選んだ理由	
1日目午後	おすすめする見学先		その見学先を選んだ理由	
	前半		前半	
	後半		後半	
2日目午前	おすすめする体験活動		その体験活動を選んだ理由	
2日目昼食	食べてほしい地域の料理		その料理を選んだ理由	
2日目午後	贈りたい記念品		その記念品を選んだ理由	

❸グループで考えた旅行プランを完成させよう。

1日目昼食	食べてほしい日本食		その日本食を選んだ理由	
1日目午後	おすすめする見学先		その見学先を選んだ理由	
	前半		前半	
	後半		後半	
2日目午前	おすすめする体験活動		その体験活動を選んだ理由	
2日目昼食	食べてほしい地域の料理		その料理を選んだ理由	
2日目午後	贈りたい記念品		その記念品を選んだ理由	

29 学習をふりかえろう②

世界の多様な生活・文化と地理的環境とのかかわりをふりかえろう

❶地図中の①〜⑤の地域で見られる気候や生活・文化の特徴について，当てはまる語句を下の**ア〜ノ**から選び（　　　）に記そう。ただし，**A〜E**群の中からそれぞれ1つしか選べないこととする。

語群

A群	ア.A気候(熱帯)　イ.B気候(乾燥帯)　ウ.C気候(温帯) エ.D気候(冷帯〈亜寒帯〉)　オ.E気候(寒帯)
B群	カ.白夜　キ.オアシス　ク.スコール　ケ.タイガ　コ.北大西洋海流
C群	サ.動物の毛皮の防寒着　シ.キルト　ス.サロン　セ.イスラーム　ソ.林業
D群	タ.偏西風　チ.日干しレンガ　ツ.永久凍土　テ.イグルー　ト.高床式住居
E群	ナ.プランテーション農業　ニ.アザラシの狩猟　ヌ.牧羊 ネ.ナツメヤシの栽培　ノ.高床式住居

① 気候：（A群　　）　地域の特徴：（B群　　　）（C群　　　）（D群　　　）（E群　　　）

② 気候：（A群　　）　地域の特徴：（B群　　　）（C群　　　）（D群　　　）（E群　　　）

③ 気候：（A群　　）　地域の特徴：（B群　　　）（C群　　　）（D群　　　）（E群　　　）

④ 気候：（A群　　）　地域の特徴：（B群　　　）（C群　　　）（D群　　　）（E群　　　）

⑤ 気候：（A群　　）　地域の特徴：（B群　　　）（C群　　　）（D群　　　）（E群　　　）

❷教科書 p.42～109 などを参考に，国・地域を 1 つ選び，そこで見られる特徴的な生活・文化を説明しよう。

国・地域名（　　　　　　　　　　　　　）

❸なぜ❷のような生活・文化が見られるのか，地理的環境から説明しよう。

❹❷で選んだ国・地域を訪れる場合や日本に来てもらう場合など，共生するために気をつけなければ
　ならないことを考えよう。

❺第 2 編 1 章をふりかえり，次の評価の観点 A ～ C について，達成度を○・△・×で自己評価しよう。

	A		B		C	
評価の観点	世界の多様な生活・文化について，理解することができた。		世界の多様な生活・文化について，その国・地域の地理的環境と関連づけることができた。		世界の多様な生活・文化と地理的環境との関係について説明し，共生に必要なことを考えることができた。	

30 ①持続可能な開発目標(SDGs) ②地球的課題の地理的な側面

1 私たちが直面する課題

(1)さまざまな❶＿＿＿＿＿＿＿的課題…貧困問題，人口問題，食料問題，資源・エネルギー問題，都市・居住問題，地球環境問題，国際紛争など

(2)紛争などにより国連難民高等弁務官事務所(❷＿＿＿＿＿＿＿＿＿＿)が支援した人は，年間7,000万人に及ぶ(2017年)

(3)持続可能な社会の実現…❸＿＿＿＿＿＿＿＿＿に配慮しながら，現代の世代も望む社会づくりを行う

2 持続可能な開発目標(SDGs)

(1)国連は2000年に「ミレニアム開発目標(❹＿＿＿＿＿＿＿＿＿)」を設けた

⇒一定の成果をあげたことで，さらに推し進めるためにSDGsが策定

(2)持続可能な開発目標(SDGs)…2015年の国連総会で採択された『我々の世界を変革する：持続可能な❺＿＿＿＿＿＿＿＿のための2030アジェンダ』に示された考え方

⇒2030年までに国際社会が取り組むべき課題をまとめている

⇒❻＿＿＿＿＿の目標と169のターゲット(達成目標)からなる

(3)❻の目標は，People(❼＿＿＿＿＿)，Prosperity(❽＿＿＿＿＿＿＿)，Planet(❾＿＿＿＿＿)，Peace(❿＿＿＿＿＿＿)，Partnership(⓫＿＿＿＿＿＿＿)の5つのPに大きく分類

3 地域により異なる問題

・地球的課題は国・地域によってあらわれ方が異なる

(1)地球環境問題…酸性雨や海洋汚染など⓬＿＿＿＿＿＿をこえて広がっている

(2)鳥インフルエンザやエボラ出血熱，新型コロナウイルスなど⓭＿＿＿＿＿の世界的流行(パンデミック)

⇒人や「モノ」の移動が活発化した現代社会が抱える新たな地球的課題

⇒地球的課題は問題を広く⓮＿＿＿＿＿＿＿＿＿に見るとともに，地域的にも見る必要

4 諸問題の背景

(1)⓯＿＿＿＿＿＿＿…先進国と発展途上国との経済的な関係から発生

(2)⓰＿＿＿＿＿＿＿…発展途上国間の格差

⇒地域間の関係はさまざまな切り口からとらえることが必要

(3)先進国の暮らし…⓱＿＿＿＿＿＿＿＿＿の恩恵

⇒大量生産・大量消費・⓲＿＿＿＿＿＿＿は生態系に影響

(4)地球的課題の解決には各国・地域間の⓳＿＿＿＿＿＿＿＿が必要

ポイント

MDGsによる取り組みの結果，世界の貧困人口は大幅に減少し，多くの地域で目標を達成した。一方で，5歳未満児死亡率や，妊産婦死亡率など目標達成に満たなかった項目も多くある。

メモ

●鳥インフルエンザ：
H5N1亜型の高病原性トリ・インフルエンザによるヒトへの重篤な疾患がベトナムとタイにおいて確認され，WHOは2004年1月下旬，インフルエンザ・パンデミック準備計画を実行した。

●エボラ出血熱：
2014年3月以降，西アフリカ地域で大規模流行が発生した。

●新型コロナウイルス感染症(COVID-19)：
2019年12月に中国のウーハン(武漢)で最初の感染が確認。パンデミックを起こし，世界中に影響を及ぼした。

●教科書p.113**3**を見て，1人あたりGNI(国民総所得)が低くて紛争が多いところはどこか，また1人あたりGNIが高くて紛争が多いところはどこか，読み取ろう。

1人あたりGNIが低くて紛争が多いところ

1人あたりGNIが高くて紛争が多いところ

ステップ　アップ

(1)「Think globally act locally」とはどういう意味か，説明しよう。

(2)グローバル化が進むことで，感染症が拡大する危険が高まるのはなぜだろうか。

ふりかえろう

(1)SDGsの17の目標のうち，自分が最も関心のあるものを選び，理由を説明しよう(教科書p.110〜111)。

(2)先進国の地球的課題にはどのようなものがあるか，説明しよう(教科書p.112〜113)。

チェックポイント

①持続可能な開発目標のアルファベットの略称……………………………(　　　　　　　　　)

②新型コロナウイルスなど感染症の世界的流行(カタカナ)……………(　　　　　　　　　)

③先進国と発展途上国との経済的な関係から発生する問題……………(　　　　　　　　　)

④発展途上国間の格差の問題………………………………………………(　　　　　　　　　)

⑤国民総所得のアルファベットの略称……………………………………(　　　　　　　　　)

31 ①貧困問題

1 貧困とは

(1)❶＿＿＿＿＿＿＿貧困…食料や所得などの最低必要条件が満たされていない状態

(2)❷＿＿＿＿＿＿＿貧困…ある社会の中の一般的な生活水準よりも貧しい状態

(3)貧困とは経済的能力に加え，基礎的な教育を受け，健康で衛生的な環境で生活できること（❸＿＿＿＿＿能力），人々の生活を脅かすさまざまな脅威に対処できること（❹＿＿＿＿＿能力），政治的能力，社会・文化的能力という5つの能力が欠如した状態

(4)❺＿＿＿＿＿＿＿指数（HDI）…経済的な指標に加え，教育や健康に関する指標を組み込んで算出

2 貧困はどこで起こっているのか

(1)貧困は発展途上国の問題であるととらえられがちだが，❻＿＿＿＿＿国の貧困や格差も社会問題に

(2)社会における所得分配の不平等をあらわす❼＿＿＿＿＿係数

⇒ラテンアメリカやサハラ砂漠以南のアフリカ（❽＿＿＿＿＿・アフリカ）などの国が高い値を示す

3 発展途上国における貧困とその対策

(1)発展途上国の貧困…収入源が不安定で，教育や保健・医療なども不十分

⇒貧困の❾＿＿＿＿＿に陥るリスクが高い

(2)貧困への対策…貧困層は銀行から融資を受けることが容易ではない

⇒グラミン銀行をはじめとする❿＿＿＿＿（小規模金融）は少額でも⓫＿＿＿＿＿で融資を受けることが可能に

(3)⓬＿＿＿＿＿ビジネス…所得階層の下位を対象

⇒消費支出を減らすことによる貧困削減が注目される

4 先進国における貧困とその対策

(1)アメリカ…ほかの先進国にくらべ，⓭＿＿＿＿＿や❼係数が高い

⇒人種差別，⓮＿＿＿＿＿の流入，富の再分配が不十分などが背景

(2)EU加盟国…❷貧困率や❼係数が低い

⇒東・南ヨーロッパ諸国では貧困問題が深刻化

(3)先進国の貧困対策…子どもや高齢者，ひとり親世帯など⓯＿＿＿＿＿弱者の困窮化を防ぐ

⇒⓰＿＿＿＿＿の充実を目指す

メモ

HDIは，国連開発計画（UNDP）が，教育・健康・所得の観点から各国の生活の質を評価した指標。2022年の上位の国・地域は以下。
1位 スイス
2位 ノルウェー
3位 アイスランド
4位 ホンコン
5位 スウェーデン
5位 デンマーク
　　　⋮
24位 日本

ポイント

サハラ砂漠南縁の半乾燥地域をサヘルといい，アラビア語で「岸辺」を意味する。干ばつと人口増加による過放牧・過耕作などによって砂漠化が深刻になり，餓死者や難民が発生した。

メモ

社会保障制度には，年金・医療・介護制度などがある。

(1)教科書p.117**5**を見て,
貧困率が14%以上の州
を赤色で着色しよう。

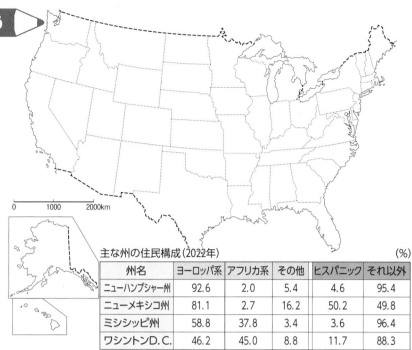

州名	ヨーロッパ系	アフリカ系	その他	ヒスパニック	それ以外
ニューハンプシャー州	92.6	2.0	5.4	4.6	95.4
ニューメキシコ州	81.1	2.7	16.2	50.2	49.8
ミシシッピ州	58.8	37.8	3.4	3.6	96.4
ワシントンD.C.	46.2	45.0	8.8	11.7	88.3

主な州の住民構成(2022年)　　　　　　　　　　　(%)

(2)ミシシッピ州とニューメキシコ州の住民構成と貧困率の高さについて,どのようなことが考えられ
るか説明しよう。

ふりかえろう

(1)貧困とはどのような状態か説明しよう(教科書p.114～115)。

(2)貧困の悪循環を断ち切るためには,どのようなことが必要か説明しよう(教科書p.116～117)。

✓ チェックポイント

①1日2.15ドル未満で生活する人々の状態……………………………(　　　　　　　　　)

②貧困人口が約4割を占める地域………………………………………(　　　　　　　　　)

③人間開発指数のアルファベットの略称………………………………(　　　　　　　　　)

④社会における所得配分の不平等さをあらわす係数…………………(　　　　　　　　　)

⑤グラミン銀行など,少額からでも低金利で融資する金融制度………(　　　　　　　　　)

32 ②人口問題⑴

1　世界の人口

(1)❶ _____ …人口の爆発的な増加

・世界の人口…1950年は約25億人，現在は約80億人

　⇒2050年には95億人をこえると推測される

・背景…発展途上国の医療の発達や衛生環境・栄養事情の改善

　⇒❷ _____ が高いままで❸ _____ が急減した

(2)人口の分布…地域的な偏(かたよ)り

　⇒人口大国の❹ _____ や❺ _____ ，インドネシアなど，❻ _____

　　　_____ に世界の半数以上の人口が集中

2　人口を考える視点

(1)❼ _____ …出生数と死亡数の差による人口増減

(2)❽ _____ …国内・国際移動による流出数と流入数の差から

　生じる人口増減

(3)❾ _____ …男女別・年齢別の人口比率のグラフ

　⇒どのような人口問題が発生しているのかを読み解くことができる

3　人口増加にかかわる諸問題

(1)人口増加率が高い地域…アジアや❿ _____ などの発展途上国

　⇒子どもは⓫ _____ であり，親の老後の世話をする大切な存在

(2)発展途上国…都市人口の増加に上下水道や道路網などの⓬ _____

　　　_____ 整備が追いついていない

　⇒⓭ _____ などの劣悪(れつあく)な環境にはさまざまな感染症のリスク

(3)人口増加の抑制

・インドでは1960年代から⓮ _____ を推進

・中国では1979年から2015年まで⓯ _____ を導入

　⇒人口抑制に一定の成果

　⇒少子・⓰ _____ 化が進行

　⇒政策を緩和(かんわ)し，2人目までの出産を認める

　　⇔女性の⓱ _____ や婚姻・家族観の変化，若年層の経

　　　済的問題などから消極的な傾向。2021年には3人目までの出産が

　　　認められた

(4)人口⓲ _____ 期…人口増加は経済成長を促(うなが)すという考え方を

　あらわしている

チャレンジしよう

(1)右のナイジェリアとインドの人口ピ
ラミッドを，年少人口（0～14歳）は
緑色，生産年齢人口（15～64歳）は赤色，
老年人口（65歳以上）は青色で着色し
よう。

(2)インドの出生率が低下した理由を考え，
説明しよう。

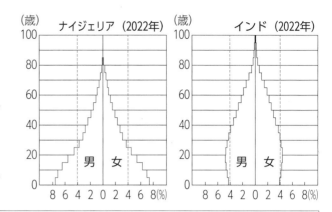

ステップ アップ

●世界の人口が急増した時期と，その背景について説明しよう。

ふりかえろう

●人口が増加することのメリットとデメリットを説明しよう。

【メリット】

【デメリット】

✓ チェックポイント

①20世紀後半以降の世界人口の急激な増加……………………………（　　　　　）

②出生率と死亡率の差による人口増減……………………………（　　　　　）

③国内・国際移動による流出数と流入数の差による人口増減…………（　　　　　）

④1979年から2015年まで一人っ子政策を導入した国……………………（　　　　　）

⑤人口抑制をするため，1960年代から家族計画を推進してきた国……（　　　　　）

33 ②人口問題(2)
ワーク⑧　人口ピラミッドをつくってみよう

メ　モ

人口が増えも減りもしない水準を人口置換水準といい，その合計特殊出生率は，2.07とされている。

ポイント

第二次世界大戦後の1947〜49年は，日本の第一次ベビーブームであり，毎年260万人をこえる大量の出生があり，人口が急増した。

1　人口減少にかかわる諸問題

(1)人口増加率…ヨーロッパや日本などの先進国で低い

(2)人口構造…出生率と死亡率がともに低い

　　⇒❶＿＿＿＿＿＿＿＿＿の割合が低く，❷＿＿＿＿＿＿＿＿＿の割合が高い

　　（少子・高齢化）

(3)❸＿＿＿＿＿＿＿＿＿＿…1人の女性が一生の間に産むと

　　される子どもの数

　　⇒日本は1970年代以降，低下し続けている

(4)日本の人口問題

　　・東京大都市圏では人口が流入

　　　⇔地方の農山村…❹＿＿＿＿＿＿＿が深刻化

(5)労働者不足への対応…❺＿＿＿＿＿＿＿＿＿の受け入れが拡大

　　⇒国や地域社会の中でどのように❻＿＿＿＿＿していくかが課題

チャレンジしよう

(1)教科書p.120 **9** を見て，高齢化率が30％以上の都道府県を赤色で着色しよう。

(2)日本において，高齢化率が高い地域は，どのようなところだろうか。

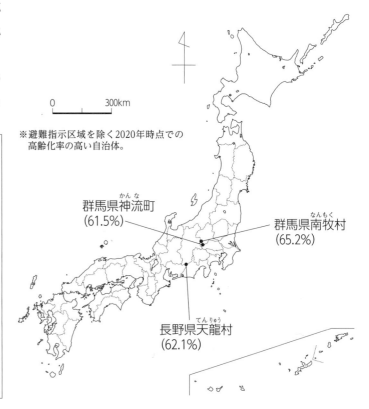

0　　　300km

※避難指示区域を除く2020年時点での高齢化率の高い自治体。

群馬県神流町
(61.5%)

群馬県南牧村
(65.2%)

長野県天龍村
(62.1%)

　p.67クイズの答え　①

ワーク⑧　人口ピラミッドをつくってみよう

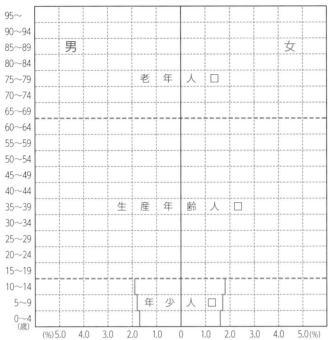

2050年の人口ピラミッド

❶教科書p.121の「2050年の推計人口」の表をもとに，2050年の人口ピラミッドを完成させ，その時の自分の年齢層を赤色で着色しよう。

❷2050年の全人口に占める老年人口の割合(高齢化率)を計算しよう。　　**高齢化率(　　　　　　%)**

ヒント　老年人口(65歳以上の人口)を総人口で割る。

ステップ　アップ

(1)日本では今後，さらに少子・高齢化が進むと予想される。それによって，どのような問題が生じるか考えよう。

(2)人口減少による労働力不足に対応するための外国人労働者や移民の受け入れがもたらすメリットとデメリットを考え，自分のことばであらわそう。

【メリット】

【デメリット】

34 ③食料問題
④持続可能な水の利用

ポイント

欧米の旧植民地だった地域には，特定の一次産品に依存するモノカルチャー経済が多く，商品作物の多くはプランテーション（大農園）で栽培されている。

ポイント

「緑の革命」では，米や小麦，トウモロコシの高収量品種が導入された。

メモ

アメリカの乾燥・半乾燥地域に見られる大規模なセンターピボット灌漑装置は，360°回転するアームで，地下水の散布・施肥・農薬散布などを行う。アームは400mもの長さがあり，これには西部開拓時代の土地区画制度であるタウンシップ制度が関係している。

1 不安定な生産と供給

(1)食料不足のさまざまな要因

⇒降水に依存した農業，干ばつや洪水などによる不作，植民地時代に輸出向け❶＿＿＿＿＿＿生産に特化させられてきたことなど

(2)世界的な食料価格の変動による影響

⇒中国など新興国の肉食の増加による❷＿＿＿＿＿用穀物の需要増加，再生可能な生物由来の資源を利用した❸＿＿＿＿＿燃料の需要増加や生産の増加などにより❹＿＿＿＿＿が上昇

2 安定的な食料確保に向けて

(1)❺＿＿＿＿＿：1960年代以降，農作物の高収量化を目指した品種改良により穀物の生産量が飛躍的に増大。一方で，貧富の差が拡大

(2)❻＿＿＿＿＿作物（GMO）を利用して，効率的かつ大幅な生産量の増加を目指す動きが活発化

⇒土壌や水質などの環境，動物や在来植物に対する負の影響も

(3)先進国の消費動向…❹や発展途上国の生活とも関係

⇒❼＿＿＿＿＿の見直しが求められる

3 世界的な水問題

(1)水…飲料水や，❽＿＿＿＿＿用水・工業用水として生活を支える

⇒今後も安定的に安全な水を確保していくことが地球的な課題

(2)❽用水…世界の水利用の約7割

⇒❾＿＿＿＿＿を利用した灌漑によりアメリカ中西部やエジプト，サウジアラビアなどの乾燥地における大規模な農業が可能に

⇒地下水位の低下や❿＿＿＿＿が問題となった地域も

(3)工業用水…⓫＿＿＿＿＿への対策が課題

⇒日本では水俣病やイタイイタイ病などの⓬＿＿＿＿＿が発生

4 飲用水と衛生

(1)安全な飲み水…毎日の生活に欠かすことができない

発展途上国の農村部での水くみは⓭＿＿＿＿＿や子どもの仕事で，多大な労力と時間を奪う

(2)熱帯地域…汚水が⓮＿＿＿＿＿を媒介する蚊の発生源となる

不衛生な水…下痢やそのほかの⓯＿＿＿＿＿の危険性を高める

(3)安全な飲み水の確保や下水道の整備…子どもの就学，女性の⓰＿＿＿＿＿にもかかわる重要な課題

チャレンジしよう

(1) 右図の **A～E** は乾燥地域を流れる国際河川である。それぞれにあてはまる河川名を答えよう。

A _____

B _____

C _____

D _____

E _____

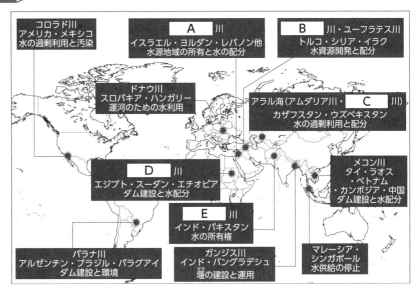

| | コロラド川 アメリカ・メキシコ 水の過剰利用と汚染 | **A** 川 イスラエル・ヨルダン・レバノン他 水源地域の所有と水の配分 | **B** 川・ユーフラテス川 トルコ・シリア・イラク 水資源開発と配分 |

ドナウ川 スロバキア・ハンガリー 運河のための水利用

アラル海(アムダリア川・ **C** 川) カザフスタン・ウズベキスタン 水の過剰利用と配分

D 川 エジプト・スーダン・エチオピア ダム建設と水配分

メコン川 タイ・ラオス・ベトナム・カンボジア・中国 ダム建設と水配分

E 川 インド・パキスタン 水の所有権

マレーシア・シンガポール 水供給の停止

パラナ川 アルゼンチン・ブラジル・パラグアイ ダム建設と環境

ガンジス川 インド・バングラデシュ 堰の建設と運用

(2) なぜ(1)のような国際河川で国際紛争に発展するのか，説明しよう。

ふりかえろう

(1) なぜ発展途上国で食料不足が起こるのか，説明しよう(教科書p.122～123)。

(2) 発展途上国及び先進国における水問題をそれぞれ説明しよう(教科書p.124～125)。

✓ チェックポイント

① アメリカにおけるバイオエタノールのおもな原料……………………(　　　　　)

② ブラジルにおけるバイオエタノールのおもな原料……………………(　　　　　)

③ コートジボワールのプランテーション作物……………………………(　　　　　)

④ まだ食べられる食品が捨てられること…………………………………(　　　　　)

⑤ アメリカの乾燥地帯などで見られる大規模な円形の灌漑装置………(　　　　　)

35 ⑤健康・福祉問題
⑥教育・ジェンダー問題

1 健康な生活を営むために

(1)健康な生活の確保…国際社会は ❶＿＿＿＿＿＿＿＿＿＿＿＿＿ の削減や妊産婦（にんさんぷ）の健康改善に取り組んできた

(2)保健・医療分野…病院の建設や医師の派遣による支援のほか，❷＿＿＿＿＿＿＿＿＿＿＿＿＿ と呼ばれる，地域に密着した予防的活動や基本的医療活動が重要

　⇒予防接種や妊産婦検診，栄養指導など

2 感染症との戦い

(1)世界三大 ❸＿＿＿＿＿＿＿＿＿ …エイズ・結核（けっかく）・マラリア

(2)エイズ… ❹＿＿＿＿＿＿＿（ヒト免疫（めんえき）不全ウイルス）に感染することで引き起こされる病状の総称

(3)結核…発展途上国に感染者が多い。日本では第二次世界大戦後，❺＿＿＿＿＿＿＿ の普及や生活環境の改善により死亡者数が減少

(4)マラリア… ❻＿＿＿＿＿＿ 地域で流行しているが，予防・治療が可能

(5)❼＿＿＿＿＿＿＿ 化にともなう人の移動の活発化

　⇒新型コロナウイルスやエボラ出血熱など❸が国をこえて急速に流行

3 教育の普及

(1)教育…個人の ❽＿＿＿＿＿＿ を高め，生活を切り開くために重要

(2)国際社会…「❾＿＿＿＿＿＿ のための教育(Education for all)」をスローガンに，基礎（きそ）教育の普及に取り組む

(3)教育へのアクセス…貧困やジェンダーの問題ともかかわる

　⇒❿＿＿＿＿＿＿ は一般的に女性の方が低い

　⇒家事労働の負担や ⓫＿＿＿＿＿＿＿ の考え方など，女性が教育を受けることを妨（さまた）げるさまざまな要因を取り除く必要がある

(3)都市と農村の地域間格差，⓬＿＿＿＿＿＿＿ による教育へのアクセスの差異もある

4 ジェンダー平等を目指して

(1)⓭＿＿＿＿＿＿＿ では，女性に対する差別の撤廃（てっぱい）や暴力の排除，女性の政治参画やリーダーシップ拡大など，ジェンダー平等の実現が目標

(2)日本のジェンダーギャップ指数…118位(2024年)，特に女性の経済参画や ⓮＿＿＿＿＿＿ 参画の分野で大きく遅れている

(3)多様な立場や ⓯＿＿＿＿＿＿ を持つ人が生きやすい社会

　⇒身近なことに疑問を持ち，私たちの意識を変えていくことが大切

メモ

マラリア予防には，蚊帳（かや）の使用が推奨されており，日本も技術貢献している。また，数十年の研究を経て2019年からワクチンの接種が推奨され，多くの命を救うことができると期待されている。

ポイント

管理的職業従事者に占める女性の割合(2021年)は
1位フィリピン　53.0%
2位スウェーデン　43.0%
3位アメリカ　41.4%
4位オーストラリア　40.0%
5位シンガポール　38.1%
　　　：
　日本　　　13.2%
であり，日本は女性の昇進の面での格差も大きい。

●教科書p.127③を見て，HIV感染者数とマラリア患者数が多い国には，それぞれどのような特徴があるか説明しよう。

HIV感染者数が多い地域

マラリア患者数が多い地域

ステップ　アップ

●ジェンダーに関する多様な価値観を反映させる取り組みには，どのようなものがあるだろうか。

ふりかえろう

(1)プライマリ・ヘルスケアについて，具体的な取り組み例を説明しよう(教科書p.126〜127)。

(2)教育とジェンダーの関係を整理してみよう(教科書p.128〜129)。

チェックポイント

①地域に密着した予防的活動や基本的医療活動……………………………(　　　　　　　)

②世界三大感染症のうち，熱帯地域で特に流行………………………………(　　　　　　　)

③社会的・文化的につくられた性差…………………………………………(　　　　　　　)

④2019年12月に中国・ウーハン(武漢)市で初めて報告された感染症…(　　　　　　　)

⑤経済・教育・健康・政治における男女の格差を示した指数…………(　　　　　　　)

36 ①技術革新と持続可能な産業化 ②限りある資源

1 グリーン経済と持続可能な産業化のための取り組み

(1)大量生産・大量消費・大量廃棄の社会による環境破壊，経済格差の拡大

　⇒❶_____の実現が求められる

　　❶は再生可能エネルギーの普及，廃棄物削減など環境保全と経済発展

　　の両立を目標とする

　⇒経済の発展と社会の変革には❷_____が重要

(2)❶を実現するためには，❸_____や，

　人が生活を維持するために必要な面積を意味する❹_____

　　　　　　　　　　　　　　　　　を小さくすることが求められる

(3)❺_____…発展途上国で生産された原料や製品

　を適正な価格で継続的に購入

(4)❻_____により認定された農産物や水産物を購入するこ

　とで❸に貢献することができる

(5)地球温暖化対策や生物多様性の保護，地域貢献活動，企業の情報開示な

　どを重視した❼_____が注目されている

2 偏在する資源

(1)資源は偏って分布し，その量には限りがある

　例：❽_____は埋蔵量の46％が西アジアで確認

　　　❾_____や❿_____は南アフリカ共和国

　　　やオーストラリアで多く産出

(2)チタン・リチウム・レアアースなどの⓫_____は先端技

　術産業に欠かせないため，安定的な確保が課題。リサイクル量を増やす

　ことが求められる

3 循環型社会への対応

(1)先進国の大量生産・大量消費・大量廃棄はゴミ問題の発生につながった

　⓬_____の形成が必要。3Rを意識した行動

　・⓭_____…製品に使う原材料をなるべく減らす

　・⓮_____…まだ使えるものは再使用する

　・⓯_____…再使用できなくなったものは再生利用する

(2)⓰_____…リサイクル産業が盛んに

　例：ペットボトルなどのリサイクルシステムの確立

(3)携帯電話や家電製品に蓄積されている⓫を回収し，再資源化

　主に都市部に蓄積されているため，⓱_____と呼ばれる

メモ

コーヒー豆やカカオ豆，果物などを中心にフェアトレードに参加する企業が増加している。

メモ

アフリカなどではレアメタルに起因する紛争も発生している。

メモ

海洋プラスチックゴミ削減のため，2020年7月からレジ袋が有料化された。マイバッグの使用率が向上した一方，万引き件数が増加する問題も生じた。

チャレンジしよう

(1)右のレアメタル生産のグラフ中の**A～D**に当てはまる国名を，それぞれ答えよう。

A _____

B _____

C _____

D _____

(2)レアメタルの産出にはどのような特徴があるか読み取り，説明しよう。

（グラフ：レアメタル生産）

アルゼンチン 4.8 / 6.6 その他
C 16.7 / **リチウム**（2023年）19.8万t / **A** 43.4%
チリ 28.5

その他 17.7 / **クロム**（2022年）4,190万t / **B** 45.6%
インド 9.5 / トルコ 12.9 / カザフスタン 14.3

オーストリア 1.1 / ロシア 3.1 / ベトナム 5.7 / その他 4.2 / ボリビア 1.7
タングステン（2020年）7.8万t / **C** 84.2%

マダガスカル 1.8 / フィリピン 2.3 / その他 18.1
コバルト（2023年）19.7万t / **D** 71.0%
2.3 / 4.5 / ロシア / **A**

ステップ アップ

●SDGsの7番目の目標「エネルギーをみんなにそしてクリーンに」を実現するために，私たちにできることは何だろうか。あなたの考えをまとめてみよう。

ふりかえろう

(1)グリーン経済について説明しよう(教科書p.130～131)。

(2)マテリアルリサイクルとサーマルリサイクルの違いを説明しよう(教科書p.132～133)。

✓ チェックポイント

①発展途上国で生産された原料や製品を適正な価格で購入すること･･･(　　　　　)

②西アジアに多く埋蔵されている地下資源……………………………(　　　　　)

③先端技術産業に欠かせないチタン・リチウムなどの総称…………(　　　　　)

④製品に使う原材料をなるべく減らすこと……………………………(　　　　　)

⑤まだ使えるものは再使用すること……………………………………(　　　　　)

クイズ　次のうち可採年数(確認埋蔵量÷年間産出量)が最も長いのは？　　①石油　②天然ガス　③石炭

37 ③エネルギー問題

1　エネルギーの変遷

(1)❶＿＿＿＿＿以前…薪，木炭，水力，風力などを小規模に利用

(2)❶以降，❷＿＿＿＿を大量に使用し，蒸気機関を動力として用いる

(3)1960年代の❸＿＿＿＿＿＿＿によって，エネルギー源は❷から❹＿＿＿＿＿へ

(4)油田開発…採掘・輸送・精製・販売を合わせて行う❺＿＿＿＿＿が支配

⇒1950年代に，自国の資源に対する主権の確立と自国経済の発展を図ろうとする❻＿＿＿＿＿＿＿が高まる

⇒1960年に❼＿＿＿＿＿＿が結成

(5)1973年と1979年の二度の❽＿＿＿＿＿＿では，世界の原油価格が高騰し世界経済が混乱

⇒先進国は，油田開発，省エネルギー対策，石油備蓄に力を入れる。近年は，頁岩に含まれる❾＿＿＿＿＿やシェールオイルを採取する技術が確立され，アメリカを中心に生産量が急増

2　原子力エネルギー

・❿＿＿＿＿＿…1950年代から導入されはじめ，日本では1963年に導入。二酸化炭素を排出しない一方，放射能漏れ，放射性廃棄物の処理などの課題も　⇒スイスやドイツは脱原発政策へ

3　再生可能エネルギー

(1)⓫＿＿＿＿＿…自然現象の中で繰り返し生成され，枯渇することのないエネルギー

(2)⓬＿＿＿＿＿…設備が小規模で，一般家庭でも利用が進む。中国が世界最大の発電量，日本では日射量が多い九州地方で導入が進む

(3)⓭＿＿＿＿＿…偏西風を利用できるドイツやデンマークで普及。アメリカや中国でも増加

(4)⓮＿＿＿＿＿…火山の多い日本やイタリア，ニュージーランド，アイスランドなどで利用できる。日本では，国立公園に指定されている火山地域が多く，開発規制が残る

(5)⓯＿＿＿＿＿燃料…植物油，家畜の糞尿，間伐材が原料。アメリカ，ブラジルではトウモロコシ，サトウキビを原料にした⓰＿＿＿＿＿が利用されている

(6)⓱＿＿＿＿＿…水素エネルギーを利用した電池

ポイント シェールオイルがとれるようになったことから，アメリカは世界一の原油の生産国になった。

メモ 太陽光パネルの建設には広大な土地が必要であり，近年では塩田や畑，ゴルフ場の跡地などが利用されている。

メモ 日本では火山の周囲に国立公園が多く地熱発電所を建設しづらい一方，地熱発電量用タービンの生産は日本企業が世界のおよそ7割を占めている。

ポイント カーボンニュートラルとは，原料の植物が生育時に二酸化炭素を吸収するため，エネルギーを生産する際の二酸化炭素は相殺されるとする考え方。

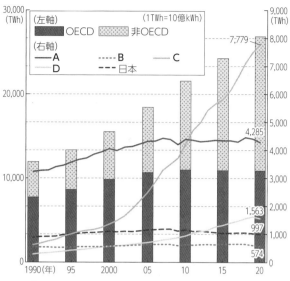

チャレンジしよう

(1) 右の主な国の総発電量のグラフ中の **A ～ D** のうち，中国にあてはまるものを選び，記号で答えよう。　（　　　　　　　）

(2) 日本と中国の 1 人あたりの電力消費量はどちらが多いだろうか。　（　　　　　　　）

ヒント　日本の人口は約 1 億2,525万人，中国の人口は約14億2,493万人 (2020年)

ステップ アップ

●持続可能なエネルギーの事例を 1 つ取り上げ，その特徴を説明しよう。

ふりかえろう

(1) 産業革命以降，主要なエネルギー源はどのように変遷してきたのか，説明しよう (教科書p.134～135)。

(2) カーボンニュートラルについて説明しよう (教科書p.136～137)。

✓ チェックポイント

① 産業革命時に使用されるようになったエネルギー源……………………(　　　　　　　　)

② 自国の資源に対する主権を確立し経済を発展させようとする考え…(　　　　　　　　)

③ 1973年に石油の価格が高騰し世界経済が混乱した出来事……………(　　　　　　　　)

④ 自然の中で繰り返し生成され枯渇しないエネルギー…………………(　　　　　　　　)

⑤ 火山が多い国で導入しやすい発電方法………………………………(　　　　　　　　)

④都市・居住問題

1 都市問題の発生

・都市の成長期…交通網や上下水道，学校などのインフラの整備が追いつかなくなり，交通渋滞や住宅不足，地価の高騰，大気汚染などの都市問題が発生

2 発展途上国の都市問題

(1)就業機会や現金収入を求めて，他都市にくらべて人口規模の大きい❶_____に特に人口が集中

(2)受け入れ可能数以上の人口が流入し，❷_____が形成。❸_____と呼ばれる靴磨きや行商などの不安定な仕事をして暮らす人々も存在

3 先進国の都市問題

(1)❹_____の発生…大都市の過密から逃れるために，人口や産業活動が郊外へ移転

⇒都心周辺で工業・商業の衰退，人口減少，居住環境の悪化

(2)❺_____…都心周辺の再開発により，比較的裕福な人が流入

(3)世界の大都市の市街地では，特定の民族・文化集団が集住する❻_____がみられる

4 日本の都市問題

(1)❼_____の発生…高度経済成長期に都市に人口が集中し，郊外では住宅地が無秩序に広がる

(2)❽_____の発生…地価の高騰や住環境の悪化により都心部の人口が減少し，郊外の人口が増加する

(3)❾_____…工場跡地や鉄道操車場などの再開発にともない，都心部の人口が回復

(4)地方の中心市街地…商店街の空き店舗が増加するなど❿_____の維持が課題

5 都市政策と都市計画

(1)イギリス…⓫_____により，開発を規制するグリーンベルトの設定や郊外のニュータウンの建設が進められた

(2)ロンドンのテムズ川やパリのセーヌ川周辺，東京湾岸の港湾都市などでは⓬_____が進行

(3)都市機能を効率的に配置する⓭_____構想の提唱

メモ

プライメイトシティの例として，タイの首都バンコクが挙げられる。バンコクの人口は同国第2位の都市の約20倍もあり，移住者や政府機関，企業，資金などが集中している。

メモ

商店街の空き店舗が増加したことなどから，都市部においても買い物難民問題が発生している。ネットスーパーや移動販売，配達サービスなどの普及は，生鮮食料品へのアクセスに大きく貢献している。

ポイント

イギリスのニュータウンは，職住近接である。ロンドン郊外にあるレッチワースは，1903年に田園都市構想に基づいて建設された最初の都市である。

p.77クイズの答え　①

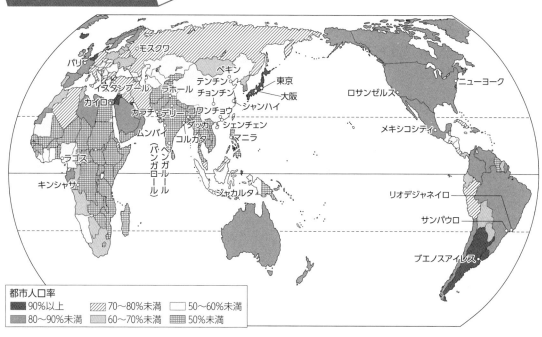

都市人口率
■90%以上　☒70～80%未満　□50～60%未満
■80～90%未満　■60～70%未満　▦50%未満

(1)教科書p.138■を見て，1950年のメガシティに赤線を引き，1950年から2015年の間に人口が5倍以上になった都市を丸で囲もう。

(2)メガシティはどのような国で増加してきただろうか。

ふりかえろう

(1)インナーシティ問題について説明しよう（教科書p.138～139）。

(2)イギリスのニュータウンと日本のニュータウンの違いを説明しよう（教科書p.140～141）。

チェックポイント

①発展途上国で見られる衛生環境や治安が悪化した地域…………………(　　　　　　　　)

②都心周辺で再開発が進み，裕福な人が流入する現象…………………(　　　　　　　　)

③郊外で住宅地が無秩序に広がる現象……………………………………(　　　　　　　　)

④都心部の人口が減少し，郊外の人口が増加する現象…………………(　　　　　　　　)

⑤近年提唱されている都市機能を効率的に配置する考え方……………(　　　　　　　　)

①地球温暖化問題

1 温暖化が進む地球

(1)地球の平均気温…19世紀末から上昇傾向

⇒自然現象ではなく，大部分が人間活動によって排出される❶_____

_____などの❷_____の増加が影響

(2)21世紀末には平均気温が1.0〜5.7℃上昇する（❸_____）

と予測され，❸の結果，海面は今より28〜101cm高くなる予想

(3)❸の影響には地域差があり，地中海周辺では❹_____が進み，

アジアでは❺_____の頻度が高まると予想

(4)モルディブやキリバス，ツバルなどのサンゴ礁からなる国々は❻_____

_____による❼_____で国家存亡の危機にある

(5)各地で異常気象が頻発し，水害や干ばつの被害の増加が予想される

⇒異常気象によって，主要な❽_____産地へ影響

⇒価格が上昇し，世界経済を混乱させるおそれ

2 国際的な取り組み

(1)世界各国は，❾_____を結び，1997年に

温室効果ガス削減の具体的な数値目標を定めた❿_____

____を発効

(2)❿では温室効果ガスの削減義務を，工業化が進み温室効果ガスの排出が

多い一部の⓫_____に求めた　⇒十分な実績はあげられず

(3)⓬_____が2015年に採択され，2016年に発効

…中国やインド，ブラジルなどの⓭_____や，❿を受け入れなか

った⓮_____も取り込んだ

(4)温室効果ガスの削減

⓬の目標の実現には，各国の利害関係が錯綜し困難もともなうが，世界

は⓯_____の実現に向けて動き出している

⇒日本は2050年までに❷の排出を実質ゼロにする目標を定めた

⇒一国・一企業・一個人の利害をこえて，地球規模で考えること（⓰

_____）が大切

(5)私たちに求められること

・省エネ・省資源や⓱_____，ウォームビズなどの環境に

配慮した行動

⇒環境に配慮した社会づくりを進める必要がある

メモ

モルディブでは，地球温暖化による海面上昇によって国土が水没する恐れがあることから，移住用の人工島を建設している。

メモ

2021年にイギリスで開催された気候変動枠組条約第26回締約国会議（COP26）では，グラスゴー気候合意が採択された。この文書には，世界の平均気温の上昇を産業革命以前とくらべて1.5℃以内に抑えることと，石炭火力発電の段階的な削減が明記された。

ポイント

近年は，発展途上国の二酸化炭素排出量が増加している。非OECD加盟国の二酸化炭素排出量はOECD加盟国をこえており，地球温暖化問題の解決にはこれらの国々の協力が重要である。

p.79クイズの答え　　①

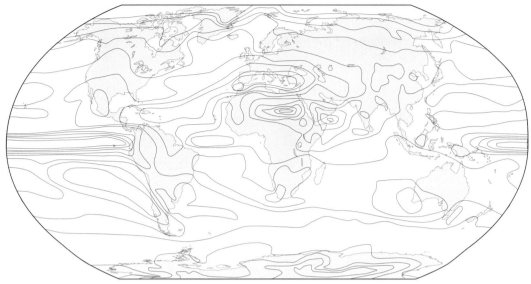

(1)教科書p.144■を見て，降水量が減少する地域を赤色で着色しよう。

(2)降水量が増加する地域と減少する地域では，どのような変化が起こると考えられるだろうか。

ステップ　アップ

●地球温暖化を防止するために，私たちができることには何があるか説明しよう。

ふりかえろう

●地球温暖化は私たちの生活にどのような影響を及ぼすだろうか，説明しよう。

✓ チェックポイント

①地球温暖化の原因となる二酸化炭素などの総称……………………（　　　　　　　）

②海面上昇によって水没が危惧されている南アジアの国……………（　　　　　　　）

③1997年に結ばれた①の削減を定めた枠組み…………………………（　　　　　　　）

④③の代替として2016年に発効した枠組み……………………………（　　　　　　　）

⑤③を受け入れなかった先進国…………………………………………（　　　　　　　）

②陸地の環境問題

１　砂漠化

(1)世界では，約2.5億人以上が ❶_____ の影響を受ける

⇒今後，100か国以上で10億人が❶の影響を受ける危険性も

(2)❶の要因…❷_____ などの自然的要因と，過度の❸_____・

❹_____・❺_____ などの人為的要因

(3)サハラ砂漠南縁の❻_____ では，❶が深刻

⇒家畜の増加や地下水のくみ上げすぎ，降水不足が重なる

⇒NGOによる教育支援や住民主体の社会開発の支援

(4)中央アジアの❼_____ 周辺や中国の❽_____ 流域で

も，❶の被害は深刻

・中国の❾_____（退耕還林）

⇒地下水の消費量増加と❽の水不足を悪化させる

２　森林の減少

(1)森林…木材の提供や大気中の❿_____ を吸収し酸素を

供給，水をたくわえ，⓫_____ を防ぐ役割を持つ

(2)⓬_____…野生動植物の生物種の宝庫

⇒世界全体で⓬を中心に広大な森林が急速に失われている

⇒人口増加による大規模な⓭_____ や木材輸出が原因

(3)日本…熱帯産の安い木材を大量に輸入

⇒フィリピンやインドネシアなどの森林が荒廃

(4)タイやベトナム…鶏肉や⓮_____ の生産　⇒日本や中国への輸出用

⇒山林がトウモロコシ畑へ，海岸の⓯_____ が養殖

池に変えられた

３　SATOYAMAイニシアティブ

(1)日本の農山村に見られる人の手の入った⓰_____ も生物多様性

を考えるうえで重要

・20世紀半ば以降，薪を燃料にしなくなり落ち葉を堆肥にしなくなった

⇒森林の利用が減り，手入れが届かなくなる

⇒シカやイノシシなどによる⓱_____ が問題に

(2)人の手が入って安定する環境を保全するために，第10回⓲_____

_____ 締約国会議において，SATOYAMAイニシアティ

ブが提唱

ポイント

砂漠化の要因は1つではなく，複数の要因が絡み合っている。

メモ

アラル海では湖の面積が1/10まで縮小した。塩害が発生し，漁ができなくなったり，健康被害が生じたりしている。

メモ

南アメリカ大陸の，アマゾンの熱帯雨林も大量に伐採されている。広いアマゾン地域を取り締まるのは難しく，中には違法に伐採されている地域もある。

チャレンジしよう

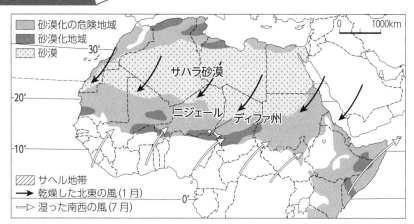

凡例:
- 砂漠化の危険地域
- 砂漠化地域
- 砂漠
- サヘル地帯
- → 乾燥した北東の風(1月)
- ⇒ 湿った南西の風(7月)

地図中ラベル: サハラ砂漠、ニジェール、ディファ州、30°、20°、10°、0°、0 1000km

(1)教科書p.146**2**を見て，サヘル地域に斜線を書き入れよう。

(2)サヘルで砂漠化が進んだ理由は何だろうか。

ステップ アップ

●日本は東南アジアの森林破壊にどのようにかかわったのか説明しよう。

ふりかえろう

●森林の減少で生じる問題は何だろうか。地球規模で失われることと，身近な森林が荒れることのそれぞれについて説明しよう。

✓ チェックポイント

①面積が急速に縮小した中央アジアの湖……………………………………（　　　　　　）

②近年，過度な伐採により急速に失われている森林…………………（　　　　　　）

③東南アジアでエビの養殖池建設のために伐採される樹木……………（　　　　　　）

④農山村で人の手が入り，維持されてきた環境…………………………（　　　　　　）

⑤SATOYAMAイニシアティブが提唱された会議……………………（　　　　　　）

クイズ　次のうち，森林が最も減少している国は？　　　①ブラジル　②中国　③アメリカ　**83**

③海洋の環境問題

1　海洋環境の悪化

(1)大都市の臨海部…❶ _____ が進み，港湾施設や工場が建設

　⇒生物が生息する沿岸域の自然が失われる

　　⇒大量の❷ _____ ・産業排水の流入で水質が悪化

(2)汚染が深刻な地域…地中海や北アメリカの東海岸，❸ _____

　の海など

(3)人口増加やライフスタイルの変化で水産資源の需要が拡大

　・東部大西洋や，地中海でのクロマグロの❹ _____

　⇒資源利用の危機をもたらし，漁獲規制が行われる

　⇒絶滅のおそれがある野生動物種の取引を規制する❺

　_____ の対象とするか議論

(4)日本の周辺海域でも，関係各国の❻ _____ の足並みがそろ

　わず，❹による水産資源の減少が懸念

(5)地球温暖化による❼ _____ でサンゴ礁の白化現象も

(6)❽ _____ を設けるなど，海の生物多様性を保全する

　ための努力

(7)船舶による貨物輸送が拡大し，❾ _____ を介した水生生

　物の移動が問題に

　⇒特に❿ _____ は養殖貝類の成長や船舶の航行を妨げる

2　海洋の汚染

(1)⓫ _____ …人間の活動から排出された物質による海の汚染

　⇒化学物質や食べ残し，油，洗剤，ペットボトル，ビニール袋などが排

　　出される

(2)有害化学物質による汚染

　・日本…⓬ _____ などの公害が発生

　・メキシコ湾やペルシア湾…⓭ _____ で⓫が発生

(3)⓮ _____ は海流に乗って遠く離れた地域まで運ばれる

(4)分解されにくい⓯ _____ は，ウミガメや鳥類の誤食

　や，食物連鎖を通して生物の体内に取り込まれる

(5)ストローなどの⓯製品の生産・使用を規制する国や企業も

　・環境中に存在する微小なプラスチック粒子は，⓰ _____

　　_____ と呼ばれ，人体からも検出

メモ

クロマグロの漁獲量は1961年には約17万トンであったが，2020年は約1万2千トンにまで減少している。資源量の減少により，国別漁獲量には上限が定められている。

ポイント

海洋をめぐる問題は1国では解決することができないため，国同士の協力が欠かせない。

メモ

2020年8月，日本の会社が所有する貨物船がインド洋のモーリシャス沖で座礁し，燃料の重油が流出して，深刻な海洋汚染が発生した。

メモ

世界的な視野でさまざまな社会問題を考え，身近な生活レベルで対策を実行する「Think globally act locally」が近年提唱されている。

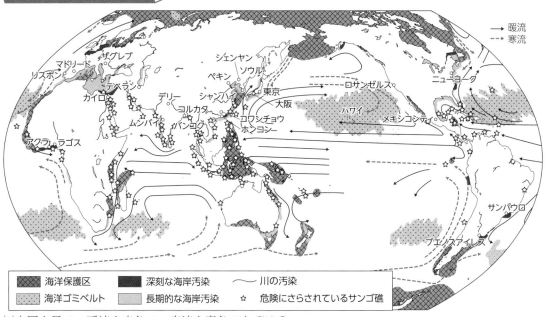

凡例:
- 海洋保護区
- 海洋ゴミベルト
- 深刻な海岸汚染
- 長期的な海岸汚染
- 川の汚染
- ☆ 危険にさらされているサンゴ礁
- → 暖流
- --→ 寒流

(1)上図を見て，暖流を赤色で，寒流を青色でなぞろう。

(2)海洋ゴミはなぜ特定の地域に集積するのか。その理由を考え，説明しよう。

ステップ アップ

●水産資源の枯渇(こかつ)を防ぐにはどのような取り組みが必要だろうか。

ふりかえろう

●私たちの暮らしが，海の環境悪化に与えている影響を説明しよう。

チェックポイント

①サンゴ礁が白化する原因の１つ………………………………………（　　　　　　）

②海の生物多様性保護のために設けられた地域…………………………（　　　　　　）

③日本の熊本県で有害化学物質による海洋汚染が発生した事例………（　　　　　　）

④メキシコ湾やペルシア湾で発生した海洋汚染の原因…………………（　　　　　　）

⑤ウミガメや鳥類の誤食の要因となる分解されにくい物質……………（　　　　　　）

①世界の民族と民族問題

1　民族と国家

(1)❶＿＿＿＿＿＿…祖先・❷＿＿＿＿＿＿＿・宗教・風俗習慣・価値観など1つまたは複数を共有することで，同じ仲間であるという❸＿＿＿＿＿（アイデンティティ）を持つ集団

(2)❹＿＿＿＿＿＿＿国家…1つの民族だけで1つの国を構成
⇒現代世界において，ほとんどない

(3)❺＿＿＿＿＿＿＿国家(複合民族国家)…複数の民族で1つの国を構成
⇒オーストラリアでは❻＿＿＿＿＿＿＿＿，ニュージーランドでは❼＿＿＿＿＿＿，北アメリカ大陸では❽＿＿＿＿＿＿＿が先住

(4)世界のそのほかの先住民…❾＿＿＿＿＿は，スカンディナヴィア半島北部に居住し，❿＿＿＿＿＿＿＿の遊牧を行ってきた
⇒世界には5,000以上の先住民がいるとされる

2　民族と民族問題

(1)国家…国旗・国歌・国語あるいは⓫＿＿＿＿＿＿＿＿を制定
⇒国民の国への❸を高める

(2)少数民族による分離・独立運動

・スリランカ…1948年に⓬＿＿＿＿＿＿から独立
⇒仏教徒の⓭＿＿＿＿＿人と，少数派でヒンドゥー教徒の⓮＿＿＿＿＿人が対立

・ベルギー…1962年に北部のオランダ語系⓯＿＿＿＿＿語圏と南部のフランス語系⓰＿＿＿＿＿語圏の間に言語境界線
⇒首都の⓱＿＿＿＿＿市内では，⓯と⓰の併記が義務づけられる

・中国の少数民族…中国は⓲＿＿＿＿＿％以上を占める漢民族のほかに50以上の少数民族が認められている
⇒比較的人口の多いチベット・ウイグル・モンゴル・チョワン・ホイの5つの民族は⓳＿＿＿＿＿を形成

・スペイン…スペイン北東部の⓴＿＿＿＿＿＿＿州は独立を目指す運動が強まるが，中央政府は認めておらず，対立が続いている

(3)民族問題…㉑＿＿＿＿＿問題でもあり，差別や社会的分断を引き起こす

ポイント

マオリはポリネシア系の先住民である。

ポイント

中国で開発の遅れた西部の内陸地域を発展させ，沿岸部との格差を是正するための計画を「**西部大開発**」という。タリム盆地の天然ガス田開発，チベット自治区のラサとチンハイ(青海)省シーニン(西寧)を結ぶチンツァン(青蔵)鉄道などがある。

メ　モ

ベルギーの首都ブリュッセルには，EUやNATOの本部が置かれている。

メ　モ

カタルーニャ州の州都であるバルセロナには，ガウディの未完作品で，カタルーニャ語でサグラダ・ファミリア(聖家族贖罪教会)がある。

チャレンジしよう

●中国の少数民族のうち、比較的人口の多い5つの民族は自治区を形成しているが、そのうち地図で塗られた3つの自治区名を書き込もう。

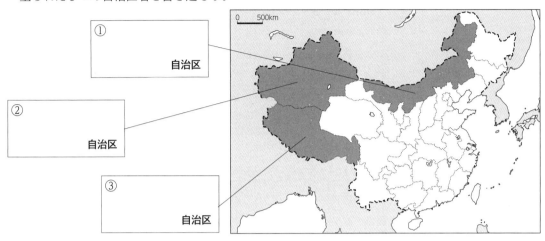

①
自治区

②
自治区

③
自治区

ステップアップ

●なぜスリランカでは、シンハラ人とタミル人の対立が深まったのか説明しよう。

ふりかえろう

●民族問題が起こる原因にはどのようなものがあるか、事例をあげて説明しよう。

✓ チェックポイント

①スカンディナヴィア半島北部のラップランドに居住する先住民……（　　　　　　　）

②古くから北海道・樺太・千島を中心に居住する日本の先住民………（　　　　　　　）

③オーストラリアの先住民…………………………………………………（　　　　　　　）

④ニュージーランドの先住民………………………………………………（　　　　　　　）

⑤スペインのカタルーニャ州の州都………………………………………（　　　　　　　）

43 ②世界のさまざまな紛争

ポイント

国境には，山脈や河川を利用した自然的国境と，緯線や経線を利用した人為的国境がある。民族の分布を考慮せずに引かれた人為的国境が原因で，民族紛争や国境紛争が起きる場合もある。

メモ

カシミール地方は，カシミア織で知られる毛織物の産地。風光明媚な山岳観光地としても知られる。

ポイント

民族紛争や国際紛争は，「ユダヤ教徒のユダヤ人対ムスリムのパレスチナ人」のように，対立構造を明確にすると捉えやすい。

1 国際紛争の要因

(1)世界…約❶＿＿＿＿＿の国があるが，それを上回る数の民族の存在

(2)1つの❷＿＿＿＿＿によって，ある国では多数派を占める民族が隣の国では少数派となる

(3)❸＿＿＿＿…1つの国の中に多数派と少数派という異なる立場の集団が生まれた時，国境・権力・資源・宗教などをめぐる対立によって起こることがある

2 世界各地で起こる国際紛争

(1)パレスチナ問題…ユダヤ人とムスリムによるパレスチナ及びその周辺の❹＿＿＿＿人や❹諸国の対立

(2)❺＿＿＿＿地方の帰属問題…1947年のイギリスからの独立に際し，❻＿＿＿＿教徒の藩王(マハラジャ)はインドへの帰属を決行

⇒住民の75％がムスリムであったため，❼＿＿＿＿との間に第1次印パ戦争が勃発

(3)アフリカのコンゴ民主共和国…産出される❽＿＿＿＿などの鉱産資源の利権

⇒アフリカ史上最悪の紛争(第2次コンゴ戦争)

3 移民・難民問題

(1)アメリカ移民問題

2018年，貧困や食料難などで苦しむ❾＿＿＿＿の人々がアメリカへ向けて移動

⇒移民集団の規模は徐々に拡大　⇒7,000人以上に

⇒アメリカのトランプ大統領(当時)は，不法入国者の❿＿＿＿を拒否する大統領令に署名

(2)シリア内戦

2011年の❹の春の影響。約635万人(2023年末)のシリア難民が隣国の⓫＿＿＿＿やギリシャ，ドイツ，スウェーデンなどの国々へ

⇒受け入れに厳しい政策をとる国も

(3)ロヒンギャ難民問題

⓬＿＿＿教徒が圧倒的多数を占めるミャンマーでは，⓭＿＿＿＿との国境地帯に居住する⓮＿＿＿＿系少数民族のロヒンギャを不法移民として国籍を与えず，迫害

⇒国連難民高等弁務官事務所(⓯　　　　　　　　　　)は，⓭でロヒン

　ギャ難民に対する援助活動を行う

(4)⓰　　　　　　　　　　難民問題

　⇒2013年12月の大統領派と副大統領派の武力衝突により内戦状態

チャレンジしよう

●教科書p.19**5**やp.129**5**，p.154と，p.158の地理のスパイスなどを参考に，内戦後のルワンダの社会はどのように変化しているのか，まとめよう。

ステップ　アップ

●国連難民高等弁務官事務所(UNHCR)などが中心となる援助には，物的支援(水やマットレス，毛布，調理器具などの支援)のほかにどのような支援があるか調べて，まとめよう。

ふりかえろう

●世界で起こっている紛争と私たちの生活とのかかわりを事例をあげて説明しよう(教科書p.154～155)。

✓ チェックポイント

①パレスチナ問題のきっかけとなった1948年に建国された国…………(　　　　　　　　　　)

②インドとパキスタンの帰属問題で第1次印パ戦争が勃発した地方…(　　　　　　　　　　)

③産出される地域が偏在している希少な鉱産資源の総称……………(　　　　　　　　　　)

④トルコ・イラク・イランにまたがる山岳地域に住む民族…………(　　　　　　　　　　)

⑤難民の保護や自発的な帰国，第三国での定住を援助する国連機関…(　　　　　　　　　　)

44 ③さまざまな対立の解決に向けて

1 国内の対立の解決に向けて

(1)❶＿＿＿＿＿＿政策…カナダやオーストラリアで行われている

・カナダ…ファーストネーションズや❷＿＿＿＿＿＿＿が先住民

⇒カナダの公用語…❸＿＿＿＿語と❹＿＿＿＿＿語

⇒❹の植民地であった❺＿＿＿＿＿州には❹系の住民が多い

・オーストラリア…1973年に❻＿＿＿＿＿主義を撤廃

❶政策へと転換し先住民❼＿＿＿＿＿＿迫害への反省も進む

(2)❽＿＿＿＿＿＿の植民地であったカナダは，かつて国旗にユニオン・ジャックが入っていた

⇒1965年にメープルリーフ（サトウカエデ）をモチーフにしたものに変更

(3)カナダでは近年❾＿＿＿＿＿＿系住民が増加

⇒新聞・雑誌は40以上の言語で発行。言語教育支援も充実

2 国際的な対立の解決に向けて

(1)紛争の終結や持続可能な平和の実現は，当事者同士だけでは困難

⇒❿＿＿＿＿＿＿＿（国連，UN）による調停や治安維持,支援が必要で，その主な任務を担うのが国連平和維持活動（⓫＿＿＿＿＿）

⇒国連開発計画（⓬＿＿＿＿＿），国連児童基金（⓭＿＿＿＿＿）などと協力しながら，持続可能な平和構築を目指す

(2)❿の平和維持活動には限界がある

⇒日本は2012年より陸上自衛隊をアフリカの⓮＿＿＿＿＿＿に派遣したが，2017年に撤収

⇒⓯＿＿＿＿＿＿自身での平和維持活動の能力強化を支援しようという動き

⇒一方，国際的組織によらず，民間や⓰＿＿＿＿＿レベルによる対立や紛争の解決に向けた取り組みも見られる

(3)⓱＿＿＿＿＿＿化の中で人々の移動が活発化

⇒他集団への理解も深め，相互理解と寛容の中で，「平和とは何か」を常に問い続け，その構築に努める

(4)真実和解委員会…虐殺や拷問などさまざまな⓲＿＿＿＿＿侵害が生じた国で設置

⇒紛争後，平和構築に向けた真実の究明とその被害者の癒し，救済，国内和解と結束の促進が目的

・南アフリカ共和国では⓳＿＿＿＿＿＿に対して設置

チャレンジしよう

(1)教科書p.159**3**を見て，国連PKOはどのような地域に多く展開しているか読み取ろう。

(2)教科書p.159**4**を見て，A～Dに当てはまる語句
をそれぞれ答えよう。

A _____

B _____

C _____

D _____

紛 争

| A |

↓

| 停戦合意 |

↓

| 和平合意 |

↓

| D **な平和** |

国際社会の支援

双方の当事責任者
への働きかけ

●停戦の監視
●軍隊の撤退の監視

●| B |・復興支援
●武装解除
●難民支援
●警察への支援
●社会基盤整備
●経済インフラ整備
●| C |の実施
●行政事務の遂行(すいこう)

ステップ アップ

●なぜ，国際的組織だけでなく，民間や草の根レベルによる対立や紛争の解決に向けた取り組みが必
要なのか，考えてみよう。

ふりかえろう

●カナダとオーストラリアの多文化主義政策について説明しよう。

カナダ

オーストラリア

チェックポイント

①ヨーロッパ系以外の移住を制限していたオーストラリアの政策……(　　　　　　　　　)

②フランス系住民が多いカナダの州………………………………………(　　　　　　　　　)

③国連平和維持活動のアルファベットの略称…………………………(　　　　　　　　　)

④国連児童基金のアルファベットの略称………………………………(　　　　　　　　　)

⑤各民族の文化の独自性を尊重する考え方……………………………(　　　　　　　　　)

クイズ カナダでアジア系移民が多く住む都市は？　　　①ヴァンクーヴァー　②トロント　③モントリオール　**91**

45 ④国際協力とパートナーシップ
ワーク⑨　国際協力に貢献しよう！

メモ

日本のODAの拠出額は1991年から2000年までの10年間，世界1位であった。

ポイント

ODAには，無償と有償の資金協力・技術供与・緊急援助・国際機関への拠出などがある。

メモ

NGOは国際的な活動をする組織に，NPOは国内活動をする団体について使う場合が多い。

1　国際機関や国による国際協力

(1)政府および関係機関が融資や技術供与を行う❶＿＿＿＿＿＿＿＿＿＿

＿＿＿（ODA）

⇒❶を含む日本の海外援助額は，世界のトップクラス

⇒当初はアジア諸国へ，主に道路・港湾・ダムなどの産業基盤の整備

(2)1990年代以降，❶を見直し　⇒対象を全世界，特に後発発展途上国（❷

＿＿＿＿＿＿）に広げるとともに，環境・人口など❸＿＿＿＿＿＿的課題

の解決や，教育・技術・文化など❹＿＿＿＿＿＿支援を重視

(3)民間の資本や非政府組織（❺＿＿＿＿＿），国際機関などとの連携も強化

2　民間や個人による国際協力

(1)国連や政府による取り組みのほかに，開発・人権・環境・軍縮・スポー

ツなどさまざまな分野で❺や非営利組織（❻＿＿＿＿）が活発に活動

(2)私たちの周りには，❼＿＿＿＿＿＿＿＿＿で輸入されたコーヒーや

オーガニックコットンの購入など個人でできる取り組みもある

(3)企業による環境問題や貧困問題の解決に向けた取り組み

⇒企業の社会的責任（❽＿＿＿＿）とともに見られる

(4)❾＿＿＿＿＿＿＿＿＿＿（MSP）…課題の解決に

協力するそれぞれが，対等な立場で対話し，国益や個人の利害をこえて

互いを理解し手を取り合って課題の解決に取り組むこと

チャレンジしよう

●教科書p.160❹を見て，日本のODAの支援先と支援内容の特徴を説明しよう。

ふりかえろう

●国，民間，個人での持続可能な社会を目指した取り組みの例を1つずつあげてみよう。

ワーク⑨　国際協力に貢献しよう！

❶教科書p.162の青年海外協力隊の体験談を読んで，下線部**A〜D**の，隊員が直面した課題の解決を
　目指すにあたって，最も関連すると思われるSDGsの目標を，上の図の1〜17のうちからそれぞれ
　1つずつ選び，理由を書こう。

A	SDGsの目標（　　　　）
	その目標を選んだ理由（　　　　　　　　　　　　　　　　　　　　　　　　　　　　　　）
B	SDGsの目標（　　　　）
	その目標を選んだ理由（　　　　　　　　　　　　　　　　　　　　　　　　　　　　　　）
C	SDGsの目標（　　　　）
	その目標を選んだ理由（　　　　　　　　　　　　　　　　　　　　　　　　　　　　　　）
D	SDGsの目標（　　　　）
	その目標を選んだ理由（　　　　　　　　　　　　　　　　　　　　　　　　　　　　　　）

❷あなたがこの地域で隊員として国際協力に参加するとしたら，**A〜D**の課題に対応する4つの目標
　のどれを優先して活動するだろうか。下の1〜3の位置にそれぞれの目標の番号を書こう。

❸❷で，なぜそのような順位にしたのか説明しよう。

46 学習をふりかえろう③

地球的課題について，ＳＤＧｓの視点からふりかえろう

❶私たちの住む地球にはどのような課題があるだろうか。教科書p.111❼の「５つのＰ」を参考にして，以下の図に書き込もう。

地球的課題

People(人間)にかかわる課題	Prosperity(豊かさ)にかかわる課題
・貧困に苦しむ人々 ・世界人口の急速な増加	・
Planet(地球)にかかわる課題	**Peace(平和)・Partnership(パートナーシップ)にかかわる課題**
・	・

❷地球的課題の解決が難しいのはなぜだろうか。その理由をまとめよう。

❸地球的課題の解決に向けて，国際社会はどのような取り組みを行っているかまとめよう。

p.93クイズの答え　①

❹教科書p.114〜161で扱った地球的課題の中から１つを取り上げ，世界のどこで，どのような問題が起こっているのかまとめよう。また，教科書p.163を見て，その課題にかかわりの深いSDGsの17の目標を番号で答えよう。

地球的課題（　　　　　　　　　　　　　　　　　）　　17の目標の番号（　　　　　　）

❺❹で選んだ地球的課題が発生する背景にはどのようなものがあるか，教科書p.114〜161の内容をもとにまとめよう。

❻❹で選んだ地球的課題と日本には，どのようなかかわりがあるのかまとめよう。

❼❹で選んだ地球的課題の解決に向けて，私たちができる取り組みには何があるかまとめよう。

❽第２編２章をふりかえり，次の評価の観点Ａ〜Ｃについて，達成度を○・△・×で自己評価しよう。

	A		B		C	
評価の観点	地球的課題とSDGsとの関係性について理解することができた。		地球的課題が起きる要因と，地球的課題が及ぼす影響について理解することができた。		地球的課題を解決するための方法を，主体的に考えることができた。	

①自然環境と多様な生活・文化
②歴史的背景に基づく生活・文化

1 多様な自然環境と人々の生活

(1)南アメリカ大陸の❶＿＿＿＿＿＿＿山脈から中央アメリカ，西インド

諸島は❷＿＿＿＿＿＿にあたり，❸＿＿＿＿＿活動や地震活動が活発

⇒標高差の大きな中央❶地域では，人々は高度帯ごとに適した土地利用

を行ってきた

(2)流域面積と流量で世界一の❹＿＿＿＿＿＿川の流域は，❺＿＿＿＿

＿＿＿と呼ばれる熱帯雨林に覆_{おお}われる

(3)流れがゆるやかな❹川では，大型の❻＿＿＿＿＿＿も航行。支流では物

資の輸送や❼＿＿＿＿＿＿などが行われる

2 多様な自然環境に基づいた産業

(1)ボリビア南西部の❽＿＿＿＿＿＿塩原では，雨が降ると水が反射し幻想_{げんそう}

的な風景が広がり，多くの観光客が訪れる

⇒近年では❾＿＿＿＿＿＿＿＿のバッテリーに不可欠なリチウム

を産出

(2)ブラジルの経済成長…豊富な天然資源と広大な農地が背景

・世界最大級の埋蔵量と産出量の❿＿＿＿＿＿＿鉄山

・⓫＿＿＿＿＿の生産が拡大。世界の生産のおよそ3割を占める

(3)中央アメリカの⓬＿＿＿＿＿＿＿では，豊かな生態系を活かした

⓭＿＿＿＿＿＿＿＿を導入.

チャレンジしよう

(1)右の図中の**ア〜ウ**にあてはまる作物名を答

えよう。

ア＿＿＿＿＿＿＿＿＿＿

イ＿＿＿＿＿＿＿＿＿＿

ウ＿＿＿＿＿＿＿＿＿＿

(2)中央アンデスのうち，放牧が行われる地域

の特徴と，その理由を説明しよう。

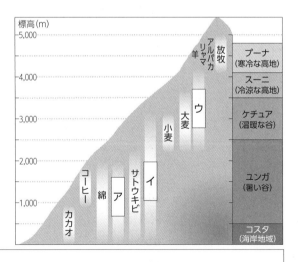

③ 社会の成り立ちと生活・文化

(1)東南アジアは❶＿＿＿＿＿＿＿半島を中心とした大陸部と，イン

ドネシアや❶＿＿＿＿＿＿＿などの島嶼部で構成

・東西の海上交易路が交差し，4世紀以降に❶＿＿＿＿＿＿＿教と

仏教が，14世紀以降に，❶＿＿＿＿＿＿＿が伝播

・スペインに支配された歴史を持つフィリピンでは❶＿＿＿＿＿＿＿

を広く信仰

(2)19世紀半ばに，中国と❶＿＿＿＿＿＿＿から多くの人々が移住

・東南アジアには❷❶＿＿＿＿＿＿＿と呼ばれる中国系の人々が多く生活

・❷❶の人々は商工業や貿易に従事。政財界で影響力を持った

⇒①マレーシアでは先住民の❷❶＿＿＿＿＿＿＿系の人々と対立

②❷❶系の人々を優遇する❷❷＿＿＿＿＿＿＿政策

④ 経済発展の歩みと生活の変化

(1)第二次世界大戦以降に独立した東南アジア諸国では，商品作物の❷❸

＿＿＿＿＿＿＿経済に依存

・1967年に❷❹＿＿＿＿＿＿＿を結成。豊富な低賃金労働

力を背景に❷❺＿＿＿＿＿＿＿を設置し，輸出指向型の工業を

推進

(2)シンガポールは❷❻＿＿＿＿＿＿＿の利点を活かした輸出加工型

の工業を育成。現在は国際金融センターとして成長

(3)❷❼＿＿＿＿（刷新）政策を実施したベトナムなども経済成長し，

多くの国で工業製品が輸出品目の上位を占める

⇒都市部では中間所得層が増え，大型❷❽＿＿＿＿＿＿＿

が相次いで建設されるなど人々の生活が変化

メモ

インドネシアの人口は
およそ2億7,000万人で，
およそ9割がムスリムで
ある。インドネシアは世
界最大のムスリム人口を
抱える国である。

ポイント

華人が移民先に永住する
人々であるのに対し，華
僑は中国から移住し，本
国の親族へ送金する一時
的な仮住まいの人々であ
る。

ポイント

輸出指向型工業を進めた
東南アジアには，日系企
業も多く進出し，機械類
などの多くの工業製品を
輸出している。

チャレンジしよう

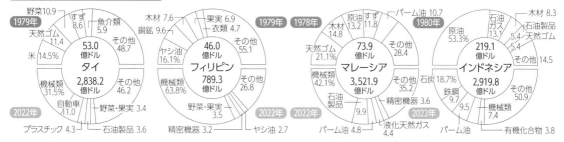

(1)上の東南アジアの輸出品目のグラフを一次産品を赤色，工業製品を青色で着色しよう。

(2)東南アジア諸国の新旧の輸出品目をくらべ，変化をまとめよう。

48

③多様な食文化
④産業の成長と生活の変化

メモ

セネガルがフランス植民地であった名残の1つにパリ-ダカールラリーがある。日本でも「パリダカ」として知られるこの大会は，サハラ砂漠を縦断する過酷な自動車レースであったが，2009年以降は，南アメリカ大陸や西アジアで開催されている。

ポイント

人口増加による食料確保は過放牧・過耕作を招く。また，木を伐採して薪炭材として燃料にするためよりいっそう土地の荒廃が進んでいる。

1　食文化と自然環境

(1)アフリカの気候は，赤道を中心に熱帯，❶＿＿＿＿＿＿，温帯がほぼ南北対称に分布。多様な自然環境に基づいた食文化が発達

・❷＿＿＿＿＿＿は世界有数のコーヒー生産国。輸出用だけでなく国内消費も多く，人々に親しまれている

・熱帯に位置するウガンダでは，❸＿＿＿＿類や穀類などのさまざまな主食が食べられる。調理用❹＿＿＿＿も重要

・南アフリカ共和国のケープタウン周辺は❺＿＿＿＿＿＿気候で，ヨーロッパ系の人々の入植にともない❻＿＿＿＿＿の栽培が開始

2　食文化と社会環境

(1)ヨーロッパ諸国の植民地支配を受けた歴史を持つアフリカ諸国では，❼＿＿＿＿＿＿の影響が食文化にもあらわれている

・イギリスの植民地であった❽＿＿＿＿では，チャイと呼ばれるミルクティーが親しまれている

・セネガルでは街角で❾＿＿＿＿＿＿が売られ，植民地時代の影響が残る。一方で，セネガルでは❿＿＿＿料理も豊富

(2)アフリカ諸国では，都市部を中心に⓫＿＿＿＿＿＿店や世界各地の食事が楽しまれている。近年は，米や小麦などの穀物の⓬＿＿＿＿が増加。安定的な食料の生産・確保が課題

チャレンジしよう

(1)穀物輸入の推移を示した右の図中A，Bにはアフリカと東アジアのいずれかが入る。それぞれにあてはまる地域名を答えよう。

A＿＿＿＿＿＿＿＿＿＿

B＿＿＿＿＿＿＿＿＿＿

(2)アフリカの穀物輸入が上昇し続けると，将来どのような問題が生じるか考え，まとめよう。

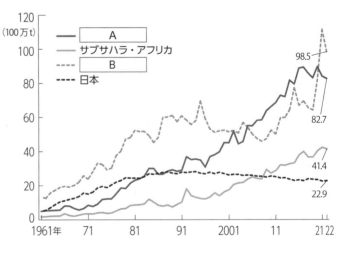

③ 経済発展と産業の変化

(1)中国は1970年代から ⑬＿＿＿＿＿＿＿＿＿＿＿ 政策に転換

・沿海地域に ⑭＿＿＿＿＿＿＿＿＿ や経済技術開発区を設置

・内陸農村部から出稼ぎ労働者が都市に流入…⑮＿＿＿＿＿＿＿＿＿

(2)2001年の ⑯＿＿＿＿＿＿ (世界貿易機関)加入以降，さらに経済成長し，

2010年以降，アメリカに次ぐ世界第2位のGDP(国内総生産)

⇒・都市では高層ビルやマンションが林立

・生活水準の向上により，観光や留学での出国が増加

・内陸部農村地域との格差の是正を図る「⑰＿＿＿＿＿＿＿＿＿＿」

・2013年から「⑱＿＿＿＿＿＿＿＿＿」構想を提唱・推進

④ 経済発展にともなう結びつきの変化

(1)中国では伝統的に北部で畑作，南部で稲作，西部でオアシス農業と ⑲＿＿＿＿＿
＿＿＿＿を行っていたが，現在は沿海地域で輸出用の ⑳＿＿＿＿＿＿＿＿
や花卉の生産が盛ん

(2)経済のグローバル化によって外国企業が進出。工業製品の部品を輸入し，

中国で組み立て輸出することで，「㉑＿＿＿＿＿＿＿＿＿＿＿」となる

(3)「⑱」による中国からヨーロッパへつながる巨大経済圏を構想。㉒＿＿＿

＿＿＿＿＿＿＿＿＿＿＿＿＿＿(AIIB)が金融面を支援

メモ

農村部から都市への出稼ぎ労働者が多いことで，毎年春節(旧暦の正月)には，都市から農村へ帰郷する人々で交通機関が大混雑する。

ポイント

中国は南北の気候の地域差が大きく，農業地域もチンリン山脈とホワイ川を結んだ年降水量800mm〜1,000mmの線で大きく二分される。中国の南北の気候の違いを「南船北馬」ということばであらわすこともある。

ポイント

AIIBは中国の主導で2015年に設立された。「一帯一路」構想におけるアジアへの金融支援が主な目的で，現在90以上の国・地域が参加しているが，日本とアメリカは参加を見合わせている。

チャレンジしよう

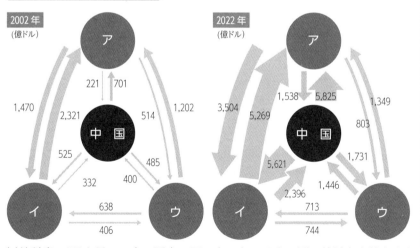

2002年 (億ドル)
2022年 (億ドル)

(1)教科書p.171を見て，上の図中のア〜ウにあてはまる国・地域名を答えよう。

ア＿＿＿＿＿＿＿＿＿　イ＿＿＿＿＿＿＿＿＿　ウ＿＿＿＿＿＿＿＿＿

(2)2002年と2022年で，中国の貿易はどう変化したか説明しよう。

49 ⑤宗教と生活のかかわり
⑥多民族国家における対立と共生

1 さまざまな宗教・言語と民族

(1)南アジアの大半をインド半島が占め，半島を取り囲むように❶ _____ 山脈が走る

⇒人々の往来が制限され，インドを中心とした独自の文化圏が形成

(2)紀元前1500年以降，❷ _____ 人が移住

⇒現在のインド社会の基盤である❸ _____ 教が成立

⇒古くから居住していた❹ _____ 人は南部へ追われた

(3)インドには1,000前後の言語が存在し，州ごとに地方公用語が異なる

⇒❺ _____ 語が連邦公用語，❻ _____ 語が準公用語

2 カースト制に基づいた社会基盤とその変化

(1)カースト制は，インド古来の❼ _____ 教に基づく，4つのヴァルナ(身分)と数千の❽ _____ (世襲的職業集団)を組み合わせたもの

⇒・❸教と結びつき，インド社会に大きく影響

　・憲法でカーストによる差別は禁止されているが，社会に根強く残る

(2)いずれの❽にも属さない新しい職業として，❾ _____ 産業が発展

⇒新しいビジネスモデルで市場を開拓するスタートアップ企業が増加

チャレンジしよう

(1)教科書p.173 **5** を見て，南アジアの宗教分布を凡例にしたがって着色しよう。

(2)南アジアの宗教分布の特徴を説明しよう。

青色	ヒンドゥー教
緑色	イスラーム
黄色	仏教
橙色	シク教
赤色	キリスト教

③ さまざまな集団の流入による国家の形成

(1)厳密には国民が1つの民族からなる国は存在しない

　⇒すべての国が複数の民族からなる⓾_____

　⇒アメリカ社会は多様な民族の共存で成り立っており，⓫_____

　　_____とたとえられる

(2)アメリカにはもともと⓬_____と呼ばれ

　る先住民が生活。15世紀末にコロンブスが到達して以降，ヨーロッパ人

　が入植，17世紀後半からは多くのアフリカ人が奴隷（どれい）として流入

(3)現在のアメリカの人口構成は，南東部にアフリカ系が多く，南西部には

　スペイン語を話す⓭_____の人々が多く生活

④ 人種・民族間の対立と共生

(1)アメリカでは長く「黒人」に対する差別が続く

　⇒1960年代の⓮_____で権利が保障され，⓯_____

　　_____により格差の是正（ぜせい）が進められる

(2)現在もヨーロッパ系の人々との格差が残る

　⇒2020年には⓰_____(BLM)運動が

　　活発化

(3)多様な人々が集まり，新たな価値が生み出される

　⇒さまざまな差別を克服（こくふく）し，多様な人々が共生できる社会づくりが必要

ポイント

「サラダボウル」の語には，それぞれのエスニックグループが，個性を失わず共存するという意味が込められている。

メ　モ

ヒスパニックとは，スペイン語を話す人々を指し，ブラジル出身者が含まれないため，ラテン系という意味の「ラティーノ」が使用されるようになってきている。

ポイント

2020年，アフリカ系の住民が警察官に首を圧迫（あっぱく）され死亡した事件を受け，人種差別撤廃（てっぱい）を訴える BLM 運動が活発化し，各地でデモが行われた。

チャレンジしよう

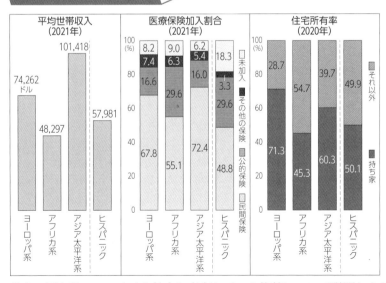

●上の図を見て，アメリカ社会に存在している格差について説明しよう。

50 ⑦資源・エネルギー問題
⑧地球環境問題

1　石油の生産・流通・消費と経済格差

(1)原油の分布は偏在しており，埋蔵量は❶＿＿＿＿＿＿＿＿＿や南北アメリカに多い。アメリカ・日本・ヨーロッパなどの先進国に多く輸出されてきたが，近年は中国や❷＿＿＿＿＿＿＿＿などの新興国の輸入・消費が増加

(2)1950年代の❸＿＿＿＿＿＿＿＿＿＿＿の高まりから，産油国は1960年にOPEC（石油輸出機構）を結成。欧米の国際石油資本（❹＿＿＿＿＿＿＿＿＿＿＿）から石油価格や生産量の決定権を取り戻す

⇒1973年と1979年に石油価格が高騰（❺＿＿＿＿＿＿＿＿＿＿＿）

⇒産油国は石油収入（❻＿＿＿＿＿＿＿＿＿）で生活水準が向上

2　発展著しい産油国と持続可能な社会への取り組み

(1)1970年代以降，近代化を目指す産油国へ，非産油国から多くの出稼ぎ労働者が流入

・都市部では高い外国人比率

・自国民と外国人労働者との賃金格差，高い失業率，エリート層の汚職などが，人々の不満を増大

(2)石油枯渇後や脱石油社会に向けた開発が盛ん

・工業化や❼＿＿＿＿＿＿＿＿＿開発

・港湾・通信施設の整備

・海水の❽＿＿＿＿＿＿＿＿事業

・農地造成，都市・農村の生活基盤の整備

・乾燥気候を活かした❾＿＿＿＿＿＿＿＿発電所の建設

チャレンジしよう

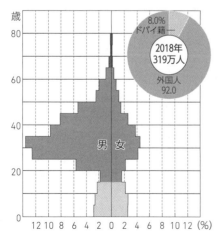

(1)左図は，ドバイの総人口とその内訳を示した円グラフと人口ピラミッドである。これらを参考に，30〜34歳の男女の人口差を計算しよう。

約（　　　　　　　）万人

(2)ドバイの人口ピラミッドに偏りが見られる理由を考え，説明しよう。

3 地球温暖化と海洋の環境問題

(1)地球温暖化の影響…地域差があり，オセアニアでは❿

や干ばつの現象が生じている

(2)オーストラリア北東部沿岸の⓫

⇒世界最大の⓬　　　　　　　　　　，観光資源として貴重

⇒サンゴの白化現象が問題，再生に向けた取り組みが実施

(3)海面上昇　⇒暴風雨時の浸水の被害も増大

⇒⓭　　　　　やキリバスなどの⓬でできた低平な国は海岸侵食のほか

水没の危険性も

4 陸地の環境問題と自然保護

(1)オーストラリア大陸…⓮　　　　　　　　　　　　　　に覆われ，世界

で最も乾燥した大陸ともいわれる

(2)かつてはゴンドワナ大陸の一部

⇒大陸分裂後は周囲を海に囲まれ，固有の動植物が見られる

(3)頻発する干ばつや⓯　　　　　　　　のほか，土壌侵食や⓰

も発生。2019年から2020年にかけて発生した大規模

な⓯では，野生動物の生息地が焼失し，生態系に影響

(4)オセアニアは環境保護への意識が高く，政府も積極的に取り組む

⇒・野生動植物の取引を規制する⓱　　　　　　　　　　条約

・湿地を保護するための⓲　　　　　　　　　条約

チャレンジしよう

●オーストラリアで大規模な森林火災が発生する原因は何だろうか。

ステップ　アップ

●サンゴの白化の要因について調べてみよう。日本でも同じ現象が起きている場所はないだろうか。

ポイント

オセアニアの島々のほとんどは火山やサンゴ礁からなっている。サンゴ礁の種類にはグレートバリアリーフのような堡礁（ほしょう）のほか，裾礁（きょしょう），環礁がある。

メモ

オーストラリア固有の動物の1つにワラビーがいる。ワラビーは国民から愛されている動物で，ラグビーオーストラリア代表の愛称は「ワラビーズ」である。

ポイント

オーストラリアでは環境保護に対する意識が高く，グレートバリアリーフではサンゴ礁の環境を保護するために，観光への利用が制限されている。

メモ

ニュージーランドでは英語のほかにマオリ語と手話が公用語である。マオリ開発省という政府機関もあり，先住民マオリの教育や雇用にかかわる政策を担っている。手話は2006年に公用語に定められた。

①地球規模で見る地形の姿と自然災害

1　自然災害の偏りとプレート

(1)**❶**_____…大地震や火山の大噴火，大津波といった自然
現象によって，その地域に暮らす人々が深刻な被害を受けること

(2)**❷**_____…大陸と海洋の分布や地形，
地震や火山の偏りを説明した理論

⇒①地球の表層部は厚さ100km前後の大陸プレートと**❸**_____
_____からできている

②約2億年前，1つであった巨大な大陸が，現在の大西洋やインド洋
の**❹**_____となっている部分で大きく裂けた後に次々と分離

⇒現在は十数枚のプレートに分割され，それぞれ異なる方向にゆっ
くりと移動

2　動き続ける大地と変動帯

(1)プレートが移動すると，やがてほかのプレートに衝突したり，沈み込ん
だりする

⇒**❺**_____…激しい地殻変動や地震・火山活動が活発に行わ
れる地殻の不安定な地域

(2)プレートの境界の種類

①**❻**_____…海洋底にのびる細長い山脈の**❹**は，この境
界の一例で，マントルが上昇した後，固結して左右に分かれて移動

⇒アイスランドは大西洋中央海嶺に位置し，噴出した溶岩などが固結
してできた島

②**❼**_____…この境界では，**❸**が大陸プレートの下に沈
み込んで**❽**_____を形成，上に押し上げられた大陸プレートの
一部が隆起して険しい山脈や，日本列島のように海洋上に島があらわ
れる。大陸プレート同士の衝突では大規模な山脈や高地が形成される

③**❾**_____…トランスフォーム断層が形成

例：北アメリカプレートと太平洋プレートの境界のサンアンドレアス
断層など

(3)地殻変動や地震・火山活動などが見られない地殻の安定した地域は**❿**_____
_____と呼ばれる

⇒長い間の侵食により，なだらかな山地や台地，東ヨーロッパ平原のよ
うな**⓫**_____が広がる

チャレンジしよう

●教科書p.182 **1** を見て，変動帯を黄色で着色しよう。また，せばまる境界を青色で着色しよう。

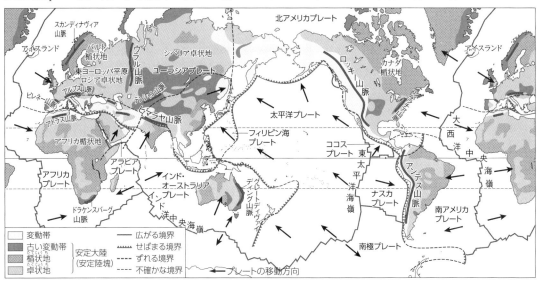

ステップ アップ

●インターネットで，気象庁が発表している「1900年以降に発生した地震の規模の大きなもの上位10位」を見て，どのような地域で地震が発生しているか，考えよう。

ふりかえろう

●変動帯はどのような地域に分布しているか，説明しよう。

✓ チェックポイント

①大陸と海洋の分布や地形，地震や火山の偏りを説明した理論………(　　　　)

②大西洋やインド洋の中央部にある，細長い海底山脈………………(　　　　)

③日本のような弧状列島を形成するプレートの境界の種類…………(　　　　)

④地震や火山活動が活発に行われる地殻の不安定な地域……………(　　　　)

⑤地震や火山活動が見られない地殻の安定した地域…………………(　　　　)

52 ②人々の暮らしを取りまく自然環境

1　自然環境と自然災害

(1)❶＿＿＿＿＿＿…自然現象により人々に被害がもたらされること

　⇒地殻変動が活発で降水量も多い日本は，世界の中でも特に❶が多い

(2)❶は，地球の内側から働く❷＿＿＿＿＿＿による火山噴火や地震，地表の外側から働く❸＿＿＿＿＿＿による洪水・土砂崩れ・豪雪（ごうせつ）などの自然現象が原因で発生

(3)❹＿＿＿＿＿＿…住民が自然現象のメカニズムや地理的な広がりを理解し，被害を最小限に抑える工夫をすること。自然現象を❶にしないために重要な考え方

2　自然災害と自然の恵み

(1)自然は時に災害となり大きな被害をもたらす一方，大地をつくり出し，水や食料を供給し，エネルギーを与える恵みとなる

　⇒①プレートの運動…繰り返すプレート境界地震が日本の大地を形成

　　②火山噴火…豊かな土壌の材料となる火山灰や金属鉱床（こうしょう），❺＿＿＿＿＿＿などをもたらす

　　③洪水や土砂災害…山地から流出した土砂が運搬・堆積し，肥沃（ひよく）な❻＿＿＿＿＿＿が形成

(2)恵みを受け取りつつ，❶の被害を回避するために，自然環境をよく理解し，つき合い方を学ぶことが重要

チャレンジしよう

●教科書p.184 2「2011年以降に発生した主な自然災害」の表にあげた自然災害について，インターネットなどで調べてみよう。

調べた自然災害　（　　　　　　　　　　　　　　　　　　　　　　　　）

発生の原因と被害の状況

ヒント　過去の自然災害については，内閣府の「防災情報のページ」(https://www.bousai.go.jp/) や気象庁のホームページ (https://www.jma.go.jp/jma/index.html) などで調べよう。

●沖積平野

北九州市
神戸市
京都市
さいたま市
千葉市
川崎市
横浜市
静岡市
浜松市
堺市

札幌市　　　仙台市　　　相模原市
新潟市　　　名古屋市　　大阪市
岡山市　　　広島市　　　福岡市
熊本市

(1)右の都市の位置を地図帳で調べ，上の地図に書き込もう。

(2)(1)からわかることをまとめよう。

ふりかえろう

●なぜ「防災」ではなく「減災」という考え方が重要なのだろうか，説明しよう。

✓ チェックポイント

①長期間十分に雨が降らず，水不足に陥ること……………………………(　　　　　　　　　　)

②大雨や地震にともない山地の斜面が崩れ落ちることで発生する災害(　　　　　　　　　　)

③地球の内部の熱がエネルギー源で，大地形をつくる力………………(　　　　　　　　　　)

④地球の外から働く太陽熱がエネルギー源で，小地形をつくる力……(　　　　　　　　　　)

⑤自然現象による被害を最小限に抑えようとする考え方………………(　　　　　　　　　　)

53 ③変動帯の自然と防災(1)

1 変動帯としての日本列島

・日本列島の周辺は2枚の海洋プレート(❶＿＿＿＿＿＿＿＿＿

　　と❷＿＿＿＿＿＿＿＿＿＿＿＿＿)が2枚の大陸プレート

　(❸＿＿＿＿＿＿＿＿　と❹＿＿＿＿＿＿＿＿＿＿

　　＿＿)の下に沈み込む

⇒日本列島に活発な地震活動や火山活動をもたらす

2 変動帯の地震と火山

(1)❺＿＿＿＿＿＿＿やトラフ…海洋プレートが大陸プレートの下に沈み込む

境界で形成

⇒❺付近では，しばしば❻＿＿＿＿＿＿＿＿＿＿＿が発生

⇒沿岸地域に甚大な❼＿＿＿＿＿の被害をもたらす

(2)❽＿＿＿＿＿＿＿…プレートの運動の圧縮される力によって形成

⇒❽地震を発生させる

(3)❾＿＿＿＿＿…海洋プレートが一定の深さまで沈み込むことで生じた

マグマが，地表に噴出することで形成

⇒将来噴火する可能性があるものを❿＿＿＿＿＿と呼ぶ

3 プレート境界地震

・❻はマグニチュードが大きく，広い範囲で大きな震度になる

⇒①⓫＿＿＿＿＿＿(地震による地面のゆれ)に対する備えが重要

　②地殻変動をともなう❻は❼に対する備えも重要

4 地震動に備えよう

(1)気象庁が発表する⓬＿＿＿＿＿＿＿＿に注意

(2)⓭＿＿＿＿＿＿＿や旧河道の埋め立て地など地盤が軟弱な地域

⇒地盤の⓮＿＿＿＿＿の被害も危惧

(3)高層マンションに住む人

⇒高層階で地震のゆれが大きくなる⓯＿＿＿＿＿＿に注意

5 津波に備えよう

(1)❼は海岸線に近づくにつれ速度が遅くなり，波高は高くなる

⇒①⓰＿＿＿＿＿＿＿…幅の狭い湾奥に海水が集中するため，

　特に波高が高くなる

　②標高が低い平坦な⓭…海から遠い内陸まで❼が押し寄せる

(2)❼が到達する前に，高台の避難場所や⓱＿＿＿＿＿＿に

すばやく逃げることが大切

メモ

四国から紀伊半島の南方の海底にのびる南海トラフは，約100〜150年の間隔で繰り返し大地震を発生させており，次の大地震は2048年までに発生する可能性が高いといわれている。

ポイント

地震の指標には，規模をあらわす**マグニチュード**(M)と，ゆれの大きさをあらわす**震度**がある。

ポイント

津波への備えには，津波ハザードマップから浸水想定や避難場所などを確認することも重要である。

チャレンジしよう

(1)右の地図の大陸プレート名を赤色の丸で，海洋プレート名を青色の丸で囲もう。

(2)海洋プレートが移動する方向を矢印で書き込もう。

(3)1995年の兵庫県南部地震，2011年の東北地方太平洋沖地震，2016年の熊本地震の震央をインターネットなどで調べ，右の地図に書き込もう。また，プレート境界地震と活断層地震のどちらに分類されるか考えよう。

兵庫県南部地震 　　（　　　　　　　　）

東北地方太平洋沖地震 （　　　　　　　　）

熊本地震 　　　　　（　　　　　　　　）

図中凡例:
→ プレートの移動方向
地震の震央
○ マグニチュード 7～8
◯ マグニチュード 8以上
・ 活火山

地図ラベル: 北アメリカプレート／ユーラシアプレート／プレート境界／相模トラフ／南海トラフ／日本海溝／伊豆・小笠原海溝／太平洋プレート／フィリピン海プレート

ステップ アップ

●日本と同じように変動帯に位置している国を地図帳で探し，その国で起こった大地震や大噴火をインターネットで調べよう。

ふりかえろう

(1)変動帯で発生する地殻変動で，災害の原因となる自然現象をあげよう（教科書p.186～187）。

(2)津波から避難するためにハザードマップで確認することを3点あげよう（教科書p.188～189）。

✓ チェックポイント

①海溝やトラフ付近で発生する地震……………………………………（　　　　　　　　）

②大陸プレート内部で発生する地震……………………………………（　　　　　　　　）

③将来噴火する可能性がある火山………………………………………（　　　　　　　　）

④地震の規模をあらわす指標……………………………………………（　　　　　　　　）

⑤地震のゆれの大きさをあらわす指標…………………………………（　　　　　　　　）

54 ③変動帯の自然と防災⑵

1　活断層地震とその被害

・❶＿＿＿＿＿＿＿＿＿＿地震…❶に接している地盤がずれることによって発生

⇒①1995年の兵庫県南部地震や2016年の熊本地震などを引き起こした

　②プレート境界地震にくらべてマグニチュードは小さい傾向にあるが，❶の近くや地盤が軟弱な地域では震度が大きくなる

2　世界の活断層地震

・変動帯に位置する国々では，多くの❶地震が発生

例：①中国・スーチョワン(四川)省…2008年にM7.9の地震が発生

　②台湾中部…1999年にM7.6の地震が発生

　③アメリカ・カリフォルニア州…ずれる境界(トランスフォーム断層)の❷＿＿＿＿＿＿＿＿＿＿が原因で繰り返し地震の被害を受ける

3　噴火想定を知ろう

(1)火山❸＿＿＿＿＿＿＿＿＿…火山が噴火した際の被害の予測範囲や避難所・避難経路などに関する情報が掲載

(2)❹＿＿＿＿＿＿や❺＿＿＿＿＿＿…大規模な噴火が発生すると山麓まで流下し，被害をもたらす

(3)❻＿＿＿＿＿＿＿＿…多雪地域の火山が冬季に噴火することで発生

(4)❼＿＿＿＿＿…火山の風下側の広い範囲で降灰被害が危惧

4　噴火に備えよう

(1)火山の大規模な噴火にはさまざまな前兆がある

⇒気象庁が発表する❽＿＿＿＿＿＿＿＿＿＿などの情報をふまえて行動することが大切

(2)登山をする際は，常に活火山であることに留意することが大切

⇒小規模な噴火にともない，火口周辺に降下する❾＿＿＿＿＿の被害を受ける可能性も

(3)❿＿＿＿＿＿＿…九州地方や北海道地方に分布。まれな確率でしか噴火しないが，噴火した際には周辺地域に壊滅的な被害をもたらすといわれる

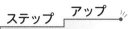

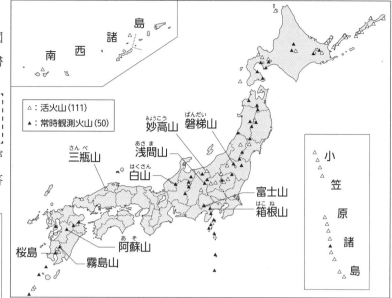

ステップ アップ

(1)以下の火山の位置を地図帳で調べ，右の地図に書き込もう。

十勝岳 有珠山 御嶽山
雲仙岳 伊豆大島

(2)右の図を見て，活火山が分布していない地域を答えよう。

（地図内の凡例・地名）
△：活火山(111)
▲：常時観測火山(50)

妙高山 磐梯山
三瓶山 浅間山
白山
富士山
箱根山
桜島 阿蘇山
霧島山
小笠原諸島

(3)日本の活火山はどのように分布しているか，プレートの境界と見くらべて考えよう。

ふりかえろう

(1)活断層地震への備えとして ①今すぐできること ②今住んでいる家でできること ③引っ越しや新築の時にできること の3つに分けて整理しよう（教科書p.190～191）。

①

②

③

(2)火山が噴火するとどのような現象が起こるのか説明しよう（教科書p.192～193）。

✓ チェックポイント

①カリフォルニア州西部を1,000km以上にわたって横断する断層……(　　　　　　　　　)

②災害が発生した際の被害予想や範囲，避難所などが記された地図…(　　　　　　　　　)

③多雪地域の火山が冬季に噴火すると起こる現象………………………(　　　　　　　　　)

④気象庁によって24時間監視・観測されている火山………………(　　　　　　　　　)

⑤火山活動に応じて取るべき対策などを示した気象庁の指標………(　　　　　　　　　)

55 ③変動帯の自然と防災⑶
ワーク⑩　地形図の読図と作業にチャレンジしよう

1　火山とともに暮らす

・大規模な火山噴火は人命や地域の社会経済に大きな被害をもたらすが，火山は人々の暮らしにさまざまな恵みももたらす

⇒①❶ - - - - - - - - - - …地下水が火山の地下にあるマグマの熱によって温められたもの。重要な観光資源であり，熱源として❷ - - - - - - - - - 発電や暖房などにも活用

②溶岩やマグマ，火砕流（かさい）などが固結した岩石は石材として利用

③地下のマグマだまりの周囲に生じた岩脈（がんみゃく）（熱水鉱脈（こうみゃく））から金や銅などさまざまな鉱物が得られる

2　火山を楽しみ学ぼう

・❸ - - - - - - - - - …洞爺湖（とうや）有珠山（うす）や伊豆（いず）半島など，火山を学び，火山災害に備え，火山とのつき合い方を考えることができる場

⇒実際に噴火した火口のようすや，被災した建物などの❹ - - - - - - - - を見ることができ，ジオガイドや専門家の話を聞くことも

ステップ　アップ

●あなたの住んでいる地域に近いジオパークについて，その特徴をインターネットなどで調べてみよう。

ふりかえろう

●①火山防災 ②火山の恵みの利用 ③火山を楽しむ の3つの観点から，火山とのつき合い方を整理しよう（教科書p.194～195）。

①

②

③

✓ チェックポイント

①マグマの熱エネルギーを利用する発電方法……………………………（　　　　　　　　）

②特徴的な地形や地質などを保全し，教育・観光資源として活かす場（　　　　　　　　）

③災害の教訓を伝えるために被災した建物などを撤去せず残したもの（　　　　　　　　）

ワーク⑩ 地形図の読図と作業にチャレンジしよう

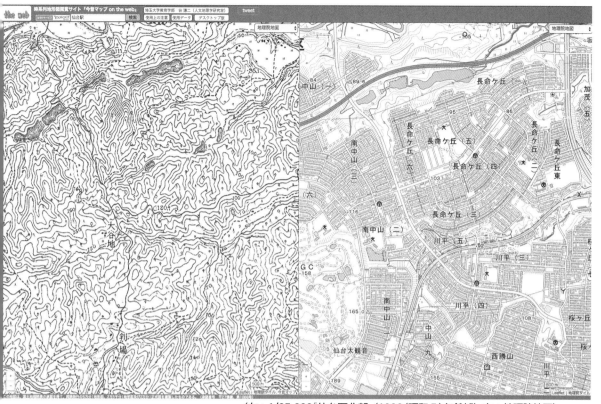

（左：1/25,000「仙台西北部」(1930(昭和5)年鉄補) 右：地理院地図）

❶現在，住宅団地になっている地域は，もともとどのような地形だっただろうか。

地形（　　　　　　　　　　　　　　　　　　　　　）

❷現在，南中山(二)という地名になっている地域の，1930年の地名はなんだろうか。

地名（　　　　　　　　　　　　　　　　　　　　　）

❸現在，長命ヶ丘となっている地域の交差点に103mの標高点がある。この地点の1930年の標高を旧版地形図から読み取ろう。

標高（　　　　　　　　　　　　　m）

❹現在，長命ヶ丘(五)にある小学校は，1930年にどのような地形だった場所に建てられているだろうか。

地形（　　　　　　　　　　　　　　　　　　　　　）

❺旧版地形図の中央から北東側にかけて伸びる谷に，小さなため池が3つ存在している。このため池があった場所が現在どのように利用されているか読み取ろう。

56 ④湿潤地域の自然と防災⑴

1　日本の気候の特徴

(1)日本は世界でも有数の降水量がある❶＿＿＿＿＿＿地域

　　⇒降水は人間の生活に必要な❷＿＿＿＿＿＿＿の量に影響

　　⇒日本は豊かな❷の上に産業や社会が成立

(2)❸＿＿＿＿＿＿…広範囲にわたる気温や湿度がほぼ同じな空気のかたまり

　　⇒❹＿＿＿＿＿＿のある日本では，季節によって支配する❸が変化

　・海に囲まれた日本…海洋の影響を受けやすい❺＿＿＿＿＿＿気候

　・春…❻＿＿＿＿＿＿＿＿＿の影響で，移動性高気圧と温帯低気圧

　　が交互に到来

　・初夏…❼＿＿＿＿＿＿＿が勢力を強める

　　⇒❽＿＿＿＿＿＿＿＿＿との間に❾＿＿＿＿＿前線を

　　　形成

　・夏…❼に覆われる地域は蒸し暑くなる

　・夏から秋…❿＿＿＿＿が上陸　⇒大雨や⓫＿＿＿＿＿の被害

　　⇒2019年10月の令和元年東日本台風では，豪雨により長野県の千曲川

　　　が氾濫し，甚大な被害が発生

　・冬…⓬＿＿＿＿＿＿＿＿が発達

　　⇒日本海の湿気を含み，日本海側に豪雪をもたらす

2　湿潤地域の恵みと災害

(1)豊かな降水量は人々に恵みをもたらす

　　⇒弥生時代から⓭＿＿＿＿＿がはじまる

　　⇒一方で大量の降水により水害が発生

(2)日本海側では，冬季は雪により農作業ができないが，雪を利用したレジャー施設の⓮＿＿＿＿＿＿＿が建設され，冬季の重要な産業に

　　⇒雪が特に多い年は⓯＿＿＿＿＿を招き，さまざまな被害が発生

　　・2018年の北陸地方の豪雪では，⓰＿＿＿＿＿がストップし，食料品

　　　や日用品が一時的に不足

(3)降水量が少ない⓱＿＿＿＿＿＿地方の香川県

　　⇒水田耕作の制約や渇水による給水制限

　　⇒少ない水でも生産できる⓲＿＿＿＿＿＿の栽培が盛んに

　　⇒⓳＿＿＿＿＿＿の食文化が成立

(4)地域の気候環境への理解

　　⇒地域の災害や産業・文化などの理解につながる

ポイント

4つの気団の勢力の強弱により，日本の季節が変化するようすに注目し，気温や降水量の変化，風の強弱と向きなど，日本の四季を感じてみよう。

メモ

やませが発生すると曇りや雨の日が続き，低温と日照不足によって農作物が生育不良となる。古くから東北地方の農家たちを悩ませており，宮沢賢治の詩『雨ニモマケズ』の中にも「サムサノナツハオロオロアルキ」と，やませによる冷害のつらさがあらわれている。

メモ

香川県では，降水量の少ない気候を活かし，1908年からオリーブの栽培がはじまった。果実から良質なオリーブオイルを生産している。オリーブは香川県の花・木にも指定されている。

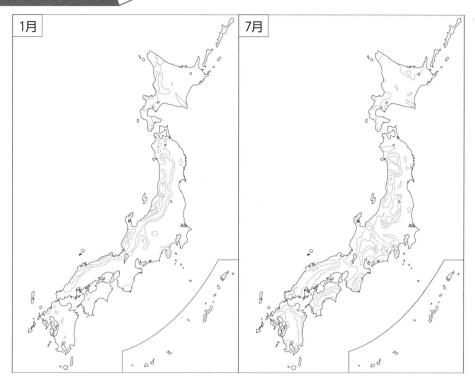

(1)教科書p.199**3**を見て, 1月の降水量が200mm以上の地域と, 7月の降水量が400mm以上の地域をそれぞれ青色で着色しよう。

(2)冬季と夏季の降水量が多い地域はそれぞれどこか, その理由も考え説明しよう。

ふりかえろう

●自分の住んでいる地域の気候の特徴を説明しよう。

チェックポイント

①気温や湿度がほぼ同じな空気のかたまり…………………………………(　　　　　　　　　　)

②冬に発達し日本海側の地域に豪雪をもたらす空気のかたまり………(　　　　　　　　　　)

③主に夏から秋にかけて日本に襲来する発達した熱帯低気圧…………(　　　　　　　　　　)

④東北地方の太平洋側に冷夏・冷害を引き起こす北東風……………(　　　　　　　　　　)

⑤初夏から夏にかけて日本に長雨をもたらす停滞前線…………………(　　　　　　　　　　)

57 ④湿潤地域の自然と防災(2)

1 山地の地形

(1)自然災害への理解…気候と地形の関係を知ることが大切

　⇒地盤（じばん）が隆起しやすく大雨が多い日本の山地…土砂災害が発生しやすい

　　①❶＿＿＿＿＿＿＿…急な崖が崩れ落ちる現象。❷＿＿＿＿＿

　　　の段丘崖（がい）や，道路わきの人工的な急崖でも発生

　　②❸＿＿＿＿＿＿＿＿…地層の間に地下水がたまり，上の地層がす

　　　べり落ちる現象

　　　⇒❶より土砂の移動速度は遅く，農地などに利用される場合も

　　③❹＿＿＿＿＿＿…谷に集まった土砂が水と一緒に流れ下る現象

　　　・土砂が河道を塞（ふさ）ぐことで❺＿＿＿＿＿＿＿が形成

　　　⇒決壊すると大規模な❹が発生

(2)❻＿＿＿＿＿＿＿＿＿…全国の自治体が公開

　⇒土砂災害が発生しやすい場所をあらかじめ確認することが大切

2 平野と海岸の地形

(1)平野の地形

　❼＿＿＿＿＿＿＿＿…河川によって運搬された土砂が，下流部に堆積

　　してできた平野

　⇒①❽＿＿＿＿＿＿＿…河川が山地から平野に出た谷口に砂礫（されき）が堆積し

　　　てできた地形

　　②氾濫原（はんらんげん）…❽の下流側に形成。砂が堆積した❾＿＿＿＿＿＿＿と

　　　泥が堆積した❿＿＿＿＿＿＿からなる

　　③⓫＿＿＿＿＿＿（デルタ）…海に接した場所に，主に泥が堆積して

　　　できた地形

　　④土地の隆起や海面の低下で，河川の侵食力が強まる

　　　⇒階段状の❷が形成され，広い⓬＿＿＿＿＿をつくることも

(2)海岸の地形

　　①⓭＿＿＿＿＿＿＿（浜）…海まで運搬された土砂が海岸に堆積する

　　　ことでできる

　　②⓮＿＿＿＿＿＿＿（磯（いそ））…侵食が大きく，岩石が露出（ろしゅつ）している海岸

　　　⇒砂防工事や⓯＿＿＿＿＿の建設による土砂供給量の減少，海面上昇な

　　　どにより海岸侵食が発生している地域も

　　③⓰＿＿＿＿＿＿＿…温暖地域の海岸部に形成。豊かな生態系が広が

　　　るが，開発による⓱＿＿＿＿＿＿や土砂の流入で危険な地域も

地形図（A：山地、B：後背湿地、C：扇状地、山地、D：氾濫原の断面図）

チャレンジしよう

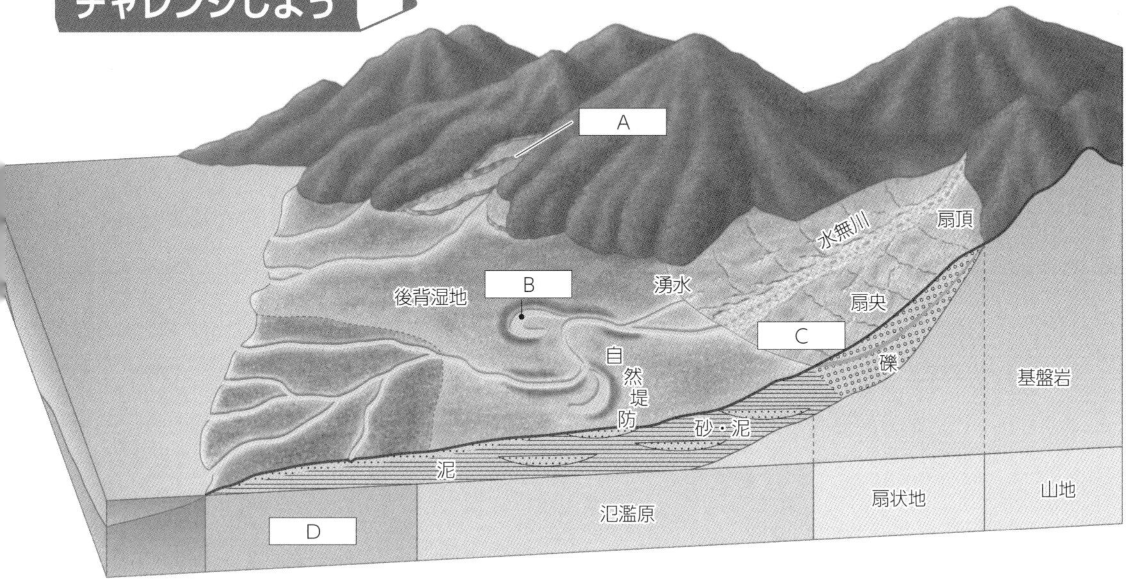

(1)上図の**A~D**にあてはまる地形名をそれぞれ答えよう。

A (　　　　　　　) B (　　　　　　　) C (　　　　　　　) D (　　　　　　　)

(2)扇状地ではなぜ水無川ができやすいのだろうか，堆積物に着目して説明しよう。

（解答欄）

ステップ　アップ

●自分の学校がある場所の地形を調べよう。

（解答欄）

ヒント　地理院地図（https://maps.gsi.go.jp/）などを利用して調べてみよう。

ふりかえろう

●扇状地と三角州の違いを説明しよう。

（解答欄）

✓ チェックポイント

①河川が運搬した土砂の堆積作用によってできた平野……………………(　　　　　　　)

②果樹園が立地しやすい扇状地内の水はけのよい場所………………(　　　　　　　)

③暖かくきれいな海に見られる生物によってつくられる地形…………(　　　　　　　)

④河川に沿ってできた階段状の平地を持つ地形……………………(　　　　　　　)

⑤侵食が大きく岩石が露出した海岸…………………………………(　　　　　　　)

58 ④湿潤地域の自然と防災(3)

1 風水害の想定を理解しよう

(1)湿潤地域…台風や大雨による❶＿＿＿＿＿＿＿＿＿が発生しやすい

　⇒❶について理解し，備えることが大切

(2)❷＿＿＿＿＿＿＿＿＿＿＿＿＿＿…自治体のホームページなど

　で確認できる

　⇒氾濫時の浸水範囲や浸水深，浸水の❸＿＿＿＿＿＿＿＿などが掲載

(3)水害の種類

　①❹＿＿＿＿＿＿＿＿…堤防の決壊や，堤防から水があふれることで

　　❺＿＿＿＿＿＿が浸水する水害

　②❻＿＿＿＿＿＿＿＿…河川の増水により水を排出できず，水路や下

　　水道などから水があふれて❺が浸水する水害

　　⇒❻は近年，❼＿＿＿＿＿＿の小規模な河川でも発生

(4)❽＿＿＿＿＿＿＿…浸水のおそれがない地域への避難

　❾＿＿＿＿＿＿…高層階などの浸水が届かない高さへの避難

　⇒早めに❽をすることが望ましい

　⇒❿＿＿＿＿＿＿＿＿や治水地形分類図を見て，土地の環境を理解

　　することが大切

　　⇒地理院地図で確認できる

(5)⓫＿＿＿＿…積乱雲の発達によって発生する渦巻き状の上昇気流

　⇒頑丈な建物への避難が大切

2 タイムラインで風水害に備える

(1)❶は発生の原因である大雨の情報を事前に得られる

　⇒気象庁や自治体から情報が提供・発令

(2)⓬＿＿＿＿＿＿＿＿＿…いつ・だれが・どのような行動をするの

　かをまとめた災害対応計画

　⇒自分自身や家族の状況をふまえた⓭＿＿＿＿＿＿＿＿＿＿を

　　作成することが大切

(3)日本で❶が発生しやすい時期…⓮＿＿＿＿＿＿や秋雨前線の停滞

　時，台風襲来時など

　①気象庁などが公開している河川の水位や洪水警報の⓯＿＿＿＿＿

　　＿＿＿＿＿＿などの地理情報を活用

　②浸水前に早めの避難行動を決める

　　⇒浸水後の避難は，河川や水路への転落の可能性など非常に危険

メ モ

2013年8月から，気象庁はその地域で数十年に一度しかないような重大な災害の危険性が著しく高まっている際に，「**特別警報**」を発表している。

メ モ

日本三大暴れ川は，利根川，筑後川，吉野川であり，それぞれ「坂東太郎」，「筑紫二郎」，「四国三郎」と呼ばれてきた。大きな堤防のない時代には，これらの河川は頻繁に氾濫し周辺地域を襲ってきた。その一方で，肥沃な土壌を運ぶ役割も持っていた。

〈避難情報など〉			〈防災気象情報〉
警戒レベル	避難行動など	避難情報など	警戒レベル相当情報
警戒レベル **5**	命の危険 直ちに安全確保！	緊急安全確保 （市町村が発令）	**警戒レベル5相当** 氾濫発生情報 大雨特別警報など
警戒レベル **4**	**危険な場所から　A** ・過去の重大な災害の発生時に匹敵する状況。この段階までに避難を完了しておく。 ・台風などにより暴風が予想される場合は，暴風が吹き始める前に避難を完了しておく。	**B** （市町村が発令）	**警戒レベル4相当** 氾濫危険情報 土砂災害警戒情報 など
警戒レベル **3**	**危険な場所から　C　等は避難** **C**以外の人も必要に応じ，普段の行動を見合わせはじめたり，避難の準備をしたり，自主的に避難する。	**C**　等避難 （市町村が発令）	**警戒レベル3相当** 氾濫警戒情報 洪水警報など
警戒レベル **2**	**みずからの避難行動を確認** ハザードマップ等により，自宅等の災害リスクを再確認するとともに，避難情報の把握手段を再確認するなど。	洪水注意報 大雨注意報など （気象庁が発表）	
警戒レベル **1**	災害への心構えを高める。	早期注意情報 （気象庁が発表）	

(1)上の図中の**A～C**にあてはまる語句をそれぞれ答えよう。

　A（　　　　　　　　　　）　　B（　　　　　　　　　）　　C（　　　　　　　　　）

(2)学校がある地域の洪水ハザードマップをインターネットで確認しよう。学校にいる時に，警戒レベルが４になったらどうすればよいか，ハザードマップを参考に考えまとめよう。

(3)学校が避難場所として利用される際に，自分たちでできる支援を考えよう。

ふりかえろう

●タイムラインとは何か説明しよう。

チェックポイント

①内水氾濫の原因にもなる局地的に短時間に降る大雨…………………（　　　　　　　　　　）

②高層階などの浸水が届かない場所まで移動する避難方法……………（　　　　　　　　　　）

③被害のおそれがない地域まで移動する避難方法………………………（　　　　　　　　　　）

④堤防から見て住居や農地などがある側の土地…………………………（　　　　　　　　　　）

⑤災害時の避難行動を時系列順に整理した災害行動計画………………（　　　　　　　　　　）

クイズ　次のうち，全国のハザードマップを公開している機関は？　　　　①総務省　②国土交通省　③内閣府　**119**

④湿潤地域の自然と防災(4)
⑤私たちができる災害への備え

ポイント

国土交通省が管理する「ハザードマップポータルサイト」では，各都道府県で作成されたハザードマップをまとめて表示できる。洪水と土砂災害など複数の情報の重ね合わせも可能である。

1　想定と情報を活用しよう

(1)土砂災害…崖崩れ・地すべり・❶_____など

　⇒対策：❷_____で被害を想定

　・❸_____…土砂災害が発生しやすい場所

　・❹_____…土砂災害が非常に

　発生しやすい場所

　⇒居住地・避難場所・避難経路が❸や❹に該当しないか事前確認が大切

(2)❺_____…大雨の際に気象庁が発令。土砂

　災害の発生が切迫している地域が対象

　⇒ハザードマップなどを重ね合わせて特に危険な地域を判定

　⇒❻_____(GIS)の活用例

(3)宅地開発などによって災害の被害にあう危険性が増大。地域の環境を理

　解し，❼_____の選択や災害への備えを行うことが大切

2　備え方の昔と今

(1)災害へのさまざまな備え

　・❽_____…洪水の調整や土砂の制御にかかわる事業

　・❾_____…山地斜面の管理を目的とした事業

　・❿_____…河川の土砂の運搬を制御する事業

(2)伝統的な備え方…災害による被害を，ある程度許容している

　・⓫_____…堤防をわざと不連続にして決壊を防ぐ方法

　　⇒あらかじめ水田などの人的被害が少ない場所を氾濫させるよう設定

　・⓬_____…氾濫しやすい場所に木を植えて，水の流

　れを弱め，堤防の決壊を防ぐ

　・⓭_____…集落全体を堤防で囲む

　　⇒濃尾平野などで見られる。母屋より一段高い場所にある⓮_____

　　　はふだんは倉庫として利用

　・⓯_____…橋桁を固定せず洪水時にわざと流す

　　⇒流れた橋桁は回収し，橋を再建する

(3)明治時代中頃以降，ヨーロッパから⓰_____と連続堤の技術を導入

　⇒水害の多い日本で技術がさらに発達

(4)災害大国の日本は，世界に防災技術を伝える役割を持つ

　・インドネシアではODAによる⓱_____を建設

　　⇒技術指導や人材の育成も重要な支援

メモ

霞堤は上流側に「ハ」の字にひらいた不連続な堤防を断続的に配置する方式の堤防で，洪水時には堤防の切れ間から堤内地側に水をゆっくりとあふれさせることで大きな被害が生じるのを防ぐ。

メモ

日本初のコンクリートダムは，1900年に完成した神戸市の布引五本松ダムである。それまでは土を盛ってつくっていたため，高さのあるダムをつくることができなかった。

③ 災害に立ち向かおう

・防災の基本の要素

①⑱ _____ …自分の命を自分で守る

②⑲ _____ …みんなの命をみんなで守る

③⑳ _____ …みんなの命を国・自治体などが守る

⇒一番基本になるのは⑱であり，1人ひとりが地域の㉑ _____

_____ を知ることが重要

ポイント

災害に対して打たれ強く，しなやかに立ち直れる力を**レジリエンス**といい，「回復力」を意味する。近年では心理学の分野でも使用されている。

チャレンジしよう

右のグラフは「阪神・淡路大震災における救助の主体と救助者数(左)，および生き埋め・閉じ込め時の救助主体(右)」である。

(1)自助にあてはまるものを赤色で，共助にあてはまるものを青色で着色しよう。

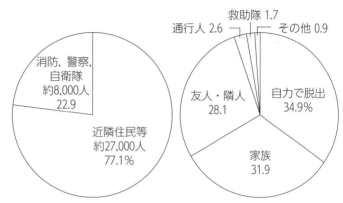

(2)グラフから読み取れる阪神・淡路大震災時の救助の特徴を説明しよう。

ふりかえろう

(1)霞堤のしくみを説明しよう(教科書p.204〜205)。

(2)自助・共助・公助について説明しよう(教科書p.208〜209)。

✓チェックポイント

①洪水の調整や土砂の制御を目的とした事業……………………………(   )

②集落を堤防で取り囲む伝統的な水害対策…………………………………(   )

③各地域で発生しうる災害の種類や被害の程度を示した地図…………(   )

④③に示されている土砂災害が発生しやすい場所………………………(   )

⑤みんなの命をみんなで守る防災の要素…………………………………(   )

60 ワーク⑪　水害ハザードマップを読み取ろう
ワーク⑫　マイタイムラインを作成しよう

ワーク⑪　水害ハザードマップを読み取ろう

凡例			土砂災害凡例			浸水深凡例	
🅟	指定避難所			特別警戒区域・土石流			0.5m未満の区域
🅟	指定緊急避難場所			警戒区域・土石流			0.5m〜3.0mの区域
🅟	指定福祉避難所			特別警戒区域・急傾斜地の崩壊			3.0m〜5.0mの区域
Ⓗ	ヘリコプター発着予定地			警戒区域・急傾斜地の崩壊			5.0m〜10.0mの区域
				警戒区域・地すべり			10.0m〜20.0mの区域
							20.0m以上の区域

(人吉市総合防災マップ，製作：ゼンリ)

❶A〜D地点のうち最も大きな浸水深が想定されている場所はどこだろうか。その記号を記入しよう。

（　　　　　　　　）

❷人吉駅前のA地点の浸水深想定はどれくらいだろうか。　　　　　（　　　　　　m）

❸あなたは二日町の二日町交番近くのアパートの1階に住んでいる。洪水発生が危惧された時に避難

するとしたらどこに避難すればよいだろうか。またその場所までの距離はどれくらいだろうか。

避難場所（　　　　　　　　　　）　　そこまでの距離（　　　　　　　　）

❹あなたは球磨工業高校に自転車で通っている。通学路上で浸水以外に気をつけなければならない災

害はなんだろうか。　　　　　　　　　　　（　　　　　　　　　　　　　　）

❺水害発生後，すぐに病院や道路は機能するだろうか。施設の配置を見て考えよう。

p.121クイズの答え　③

ワーク⑫　マイタイムラインを作成しよう

下の表は作成途中のタイムラインである。次の作業❶〜❺を行い，タイムラインを完成させよう。

❶ それぞれのタイミングにやっておかなければならないことは，ほかにどんなことがあるだろうか。下のタイムラインの「行動」の空欄に書き込もう。

❷ だれがどの行動を担当するのがよいだろうか。家族の状況を考えながら，それぞれの行動を担当する人の欄に○をつけよう。1つの行動を複数の家族で担当してもよい。

❸ 自分の家族は全員が避難所に行くことになるだろうか。家族の職業によっては災害対応のため仕事に出ないといけないかもしれない。避難所に行く家族の欄を○で埋めよう。

❹ 避難所に持っていくべきものは何だろうか。タイムラインの右の「非常持ち出し袋の中身」の欄に，持っていくとよいと思うものを書き出そう。

❺ 最後にグループで互いのタイムラインを確認して，クラスメイトのタイムラインのよいところ，自分のタイムラインで足りなかったことを確認しよう。

条件

- 住んでいる場所は「二日町の二日町交番近くのアパートの1階」
- 家族の構成や状況は，現在のあなたの家族を適用する
- 氾濫発生を「日曜日午後3時」に設定

氾濫発生までの時間	行　動	わたし				非常持ち出し袋の中身
3日前	気象情報の収集	○				・水
	ハザードマップで避難場所・避難経路を確認					・常備薬
1日前	気象情報の収集					
	買い出し・非常持ち出し袋の中身を確認					
	ベランダの片づけ・雨どいや側溝の掃除					
	車のガソリンを補充					
	より安全な場所への早期避難					
数時間前	気象情報・河川情報・避難情報の収集					
	ブレーカー・ガスの元栓を閉める					避難場所
	窓やドアの鍵を閉める					
	安全な場所へ避難開始					
						避難経路上で注意すべき場所
氾濫発生！	避難の完了					
	親戚に避難したことを伝える					

61 学習をふりかえろう④

自然環境と防災についてふりかえろう

❶日本で発生する自然災害について，以下の表に箇条書きでまとめよう。

自然災害を引き起こす現象	
変動帯にかかわるもの	**湿潤気候にかかわるもの**
・地震による強いゆれ ・プレート境界地震による津波の発生 ・	・

自然災害による被害	
変動帯にかかわるもの	**湿潤気候にかかわるもの**
・強いゆれによる建物やブロック塀の倒壊 ・	・

自然災害に対する備え	
変動帯にかかわるもの	**湿潤気候にかかわるもの**
・	・

❷学校周辺のハザードマップを確認して，通学路で発生しやすい自然災害や，気をつけなければならない場所をまとめよう。

ヒント　全国のハザードマップは，国土交通省の「わがまちハザードマップ(https://disaportal.gsi.go.jp/hazardmap/index.html)」から確認できる。

❸自然災害の被害を減らすために，政府や自治体が行っている取り組みを調べよう。

❹自然災害に負けない地域をつくるために，私たちにもできる取り組みを考えよう。

❺第3編1章をふりかえり，次の評価の観点A〜Cについて，達成度を○・△・×で自己評価しよう。

評価の観点	A		B		C	
	日本で発生しやすい自然災害と，その特徴について理解することができた。		自然災害に対する取り組みや国・自治体の対策，個人でできる備えについて理解することができた。		災害の被害を減らすために自分たちができる取り組みについて考えることができた。	

62 ①地域調査の方法
ワーク⑬　地域調査の方法を学ぼう

1　地域調査，地域とテーマの決定

(1)❶_____…ある地域についての事象の成り立ちや空間的な
広がりの特徴，地域の課題などを主体的に考える調査

(2)対象地域を先に決めてから興味のあるテーマを選ぶ方法と，興味のある
テーマを決めてから調査に適した地域を選ぶ方法がある

2　調査の方法

(1)❷_____…書籍や統計資料，地図，空中写真な
どを調べる方法

(2)❸_____…実際に対象地域に出かけて観察・計測・聞き
取りなどを行う方法

・❹_____…質問票に沿って質問する。調査内容
以外の内容もメモをすることが重要。録音や写真・動画の撮影には，
事前に許可が必要

・❺_____…調査の前に，現在地が地図上のどこにあたる
か確認する。高い場所から対象地域を俯瞰（ふかん）するのもよい。気づきをフ
ィールドノートに書き留め，写真を撮る。分からないことは地元の人
に尋（たず）ねる

3　分析とまとめ

(1)調査結果を，５Ｗ１Ｈの疑問に沿って整理する。❻_____や
❼_____にあらわすとよい。統計資料の整理・分析・図化には
パソコンの表計算ソフトや❽_____ソフトを活用する

(2)報告書(レポート)は，Ⅰ.はじめに，Ⅱ.本論 ①結果 ②考察，Ⅲ.結論，
Ⅳ.参考文献と謝辞（しゃじ）の順に記載する

(3)プレゼンテーションソフトを用いたり，❾_____形式で発表
する。研究の目的・方法・結果・考察・結論の順に箇条書きし，図や表
を使うとわかりやすい

メモ
ドローンを使うことで，空中写真を簡単に撮ることができる。法令によって飛行が禁止されている地域もあるため，必ず確認を取ろう。

メモ
国土地理院が運営する地理院地図では，さまざまな土地のようすを示すことができる。「自分で作る色別標高図」機能では，0.5mごとに土地を塗り分けることができる。

メモ
政府統計の総合窓口(e-Stat)ではさまざまな統計資料を取得することができる。

ふりかえろう

●自分が興味を持った地域の課題をあげてみよう(教科書p.212〜213)。

ワーク⑬　地域調査の方法を学ぼう

❶教科書p.218〜219を見て，■〜■の中から自分が調べたいテーマを1つ選ぼう。

（　　　　　　　　）

❷5W1Hを参考に，選んだテーマで明らかにしたいことを書き出そう。

❸❷であげたテーマについて，どのようなことを文献・情報調査すればよいか箇条書きで書き出そう。

❹❸であげた調査項目は，どのような資料で調査すればよいか。教科書p.219「文献・情報調査に用いる資料と主な入手先」を参考にして書き出そう。

❺❷であげた問題点について，どのようなことを現地調査すればよいか，箇条書きで書き出そう。

❻現地調査ではどのようなことを調査すればよいだろうか。教科書p.219「現地調査に用いるさまざまな方法」を参考にして，観察する対象・方法・必要な道具を考えよう。聞き取り調査であれば，だれを対象に，何を聞きたいのか考えよう。

❼文献・情報調査と現地調査で得たデータをどのように組み合わせれば，疑問に対して解決できるか考えよう。

❽調査結果の発表は，どのような方法を用いればよいか書き出そう。

63 ワーク⑭　持続可能な観光地づくりを考えよう

目標：持続可能な観光地化に向けてどのような施策が必要か考える

❶教科書p.220〜221を見て，Aさん，B君，C君，Dさんがそれぞれ調べたことや，富岡製糸場やその周辺地域で課題となっていることを下の表にまとめてみよう。また，それぞれの課題にはどのような関連性が見られるのか書き出そう。

	Aさん：富岡製糸場の現状	B君：富岡製糸場周辺の現状	C君：外国人から見た富岡製糸場	Dさん：富岡市の政策
分かることや課題				
関連性				

❷富岡製糸場やその周辺地域の課題を解決する方法を考えよう。その課題を解決することでほかの課題も解決する可能性はないか，また逆に別の課題が発生する可能性はないか考えて書き出そう。

解決する課題	
解決の方法	

ほかの課題を解決する可能性	別の問題が発生する可能性